平凡社新書
1064

お笑い維新劇場
大阪万博を利用する「半グレ」政党

佐高信
SATAKA MAKOTO
西谷文和
NISHITANI FUMIKAZU

HEIBONSHA

お笑い維新劇場●目次

はじめに　西谷文和……6

序章　維新不祥事ワースト10……13
維新不祥事ワースト10／「イソジン吉村」と「ウソつき橋下」
偽造をためらわない議員たち／サウナ市長と殺人未遂の議員秘書

第一章　「維新」とは何か……35
維新の裏に竹中平蔵あり／親玉・堺屋太一／維新の誕生
橋下・吉村人気を「作った」大阪メディア／「銀行」の自民党・「サラ金」の維新
公明党との関係／「公」を切る改革／橋下徹のチェック体制

第二章　やりたい放題の維新議員……67
アンケート連敗男・橋下／相手を見て喧嘩をする／松井一郎――口利きビジネス・裏口入学
会計責任者の不在／「人気者」吉村洋文の実態／「ネコババ」代表・馬場伸幸
「うそ」が得意の中条きよし／ストーカー・不適切発言／梅村みずほのやらかし
「吊れた」音喜多駿／公開討論会から逃げ回る現大阪市長
人権侵犯・ヘイトの多い維新／粗製乱造「維新・スキャンダル・政治塾」

第三章　止まらない大阪万博……131
開催地「夢洲」はごみの島／万博以前の大きな負債「夢舞大橋」
大阪万博は「飲み会」で決まった？／膨れ上がる万博予算
無人島ゆえ、反対運動が起こらない／選挙まで隠された談合の記録

第四章　投票率を伸ばせば、維新は倒せる……165
地方紙のない大阪／維新が勝てない三重
もはや怖いものはなし／「風を吹かせ」――維新政治10年の教訓

終章　最新版・維新不祥事ワースト10……191
最新「維新ワースト10」／美容・ギャンブル・架空パーティー
万博アンバサダー・松本人志／「復興万博」と2億円トイレ
優勝パレードを万博宣伝に利用した吉村知事／松井×足立の「内ゲバ」――根深い生コン問題
世に盗人の種は尽きまじ

おわりに　佐高信……227

はじめに

西谷文和

佐高信さんとの対談「デモクラシータイムス・お笑い「維新」研究」は東京で収録している。その第1回、上京する際に新大阪駅の土産コーナーを見ると、そこには大阪府知事の似顔絵を描いた「吉村まんじゅう」があった。「何やねん、これは」。

この当時、維新の吉村洋文知事はテレビに出ずっぱり。在阪メディアと吉本興業が強力なタッグを組んで「吉村人気」を演出していた。なぜか？　大阪の夢洲（ゆめしま）にカジノができれば吉本興業が儲かるからである。カジノはＩＲ、つまり統合型リゾートなので巨大なカジノビルの隣には国際会議場や劇場ができる。吉本興業はその劇場の運営権を手に入れることができる。さらに言えば在阪メディアは吉本興業の株主で、万博とカジノの推進側にいる。ちなみにダウンタウンの松本人志は万博のアンバサダー、つまり宣伝大使だった。吉本興業の前会長で、ダウンタウンのマネジャーだった大﨑洋も維新とベッタリで、吉村を新喜劇に出演させた。当然、吉本のタレントたちは松本人志、大﨑洋に忖度する。ハイヒールのリンゴ、モモコは番組内で吉村を生出演させ、「髪の毛切った？　カッコいいわ」。「たむけん」ことたむらけんじは、大阪都構想の住民投票の際に「反対の立場の人気持ちが悪い！」などとツイートしていた。

　そんな「演出された吉村人気」の後押しがあって、２０２３年4月の統一地方選挙までは飛ぶ鳥を落とす勢い。関西圏では維新が圧勝した。「大阪のおっちゃん、おばちゃん。維新は危険やで」。危機感に駆られて「維新不祥事&暴言ワースト10」を毎月のように発表していった。当初「半年くらい様子を見ないとワースト10は選べないかも」と思っていたが、維新は次々とやらかす（笑）ので、10位まで選ぶのにそんなに手間はかからなかった。この「お笑い「維新」研究」も貢献したのだろう、23年秋頃から大阪万博のダメさ加減が明らかになり、維新に強烈な逆風が吹き始めた。新大阪駅の「吉村まんじゅう」は姿を消した。私の師匠と言うべき佐高信さんとの対談を聞いた人々の反応は「笑いながら怒ってます」だった。

24年3月、東京で第5弾を収録した翌日。私はイスラエルに飛び、ガザまで約2キロの野外コンサート会場を取材した。23年10月7日、ハマスの戦闘員がやってきて、コンサートを楽しむ若者たち364名を虐殺した場所だ。野外コンサート会場には殺害された一人一人の写真が飾ってあって、遺族や友人たちが涙を流していた。そんな状況を撮影していたら、約20分ごとにドーン、ドーンと轟音が響く。イスラエル軍が戦車砲をガザに撃ち込んでいるのだった。こちらで追悼、あちらで殺戮。帰国してすぐにこの映像をテレビで発表したいと思った。その日の晩、エルサレムのホテルに戻ってネットをみると日本では「水原一平君問題」で大騒ぎを始めている。「あーこれはダメや。イスラエルの話題は弾き飛ばされる」。瞬時にそう思ったが、落ち着いて考え直す。この事件で、スポーツ賭博がいかに危険なのかがよくわかるではないか。おそらく彼はスマホで1日に何十回も大金を賭けていた。62億円もの金を溶かしてしまうスポーツ賭博はパチンコや競馬などよりもずっと危険。「ドジャースが勝つか負けるか」なら1日1回しか賭けられないが、「次の打席で大谷選手がホームランを打つか打たないか」でも賭けられる。近年アメリカではスポーツ賭博が急成長し、破産、窃盗、一家離散などの悲劇が急増している。だから警察が違法賭博の捜査に乗り出していた。まず目をつけたのがMGMリゾーツの子会社だった。カジノでマネーロンダリングをさせていたのではないか？

日本では「水原一平君が巨費を振り込んでいたのは、ボウヤーという違法カジノの胴元だった」と報道された。しかしこのボウヤーは下っ端で、本当の胴元はニックスという元マイナーリーグの野球選手だ。そのニックスが違法スポーツ賭博でぼろ儲けした黒い金を持って、MGMリゾーツの子会社であるMGMグランドカジノに行き、せっせとマネーロンダリングしていたのだ。例えば今月の水原君の負け分（大谷選手の口座から盗んだ金）1億円を、ボウヤーを通じて受け取ったニックスが、カジノでその金をチップに代えて、1回だけルーレットをして、チップを現金に戻せば黒い金を洗浄できる。マネロンしているニックスを「見て見ぬ振りをしていた」罪で、MGMグランドのスコット・シベラ社長が捕まった。シベラ社長は司法取引に応じて、日本円で約11億円もの罰金を払っていた。それが2017年、18年のことだった。

つまり順番が逆なのだ。捜査機関がMGMカジノを捜査する↓そこにニックスが入り浸っていた↓ニックスの口座を洗うとボウヤーが出てきた↓そこに大谷選手の口座からの振込があった↓大谷選手は被害者で、通訳の水原一平が捕まった。つまり水原問題は氷山の一角。その背後にいたのはスマホカジノ、つまりオンラインカジノでぼろ儲けするやつら、そしてその金をマネロンさせて手数料を取る悪徳カジノ業者だった。

そんなMGMカジノが、しょぼい万博を強行開催した後、大阪の夢洲にやってくる。アメリカの犯罪企業が大阪で堂々と営業を開始するのだ。ラスベガスやマカオはマネロンに対して厳しく取り締まっている。夢洲カジノはおそらくズルズル。罰金を払ったMGMと、「竹中抜き平蔵」が社外取締役を務めていたオリックスの合弁会社が営業するのだ。どんな近未来になるのか?

違法賭博の胴元はもちろん、中南米のコロンビアやメキシコから麻薬密売業者、フィリピンのオレオレ詐欺師たち、イスラエルやサウジアラビアで武器取引をした「死の商人」たちがブラックマネーを持って、次々と夢洲にやってきてマネロンにいそしむ。そう、このまま維新と自民の暴走を許し、万博に続いてカジノを許してしまえば、大阪は「世界中の犯罪組織がやってくる街」になってしまう。

でもオンラインカジノは、日本では違法でしょ？　夢洲は地盤がゆるいし、カジノビルなんて建てたら沈むし、傾く。南海トラフ地震が来たら液状化してカジノ業者は大損する。だからMGMリゾーツは解除権を延長した。最後は逃げていくのでは？

私も最近までそう考えていた。しかし現実はもっと進んでいる。MGMとオリックスが今考えているのはこんな感じではないか。

夢洲にしょぼいカジノを作って、外形上、日本で初めてのIRを作る。今や国会には安倍派の萩生田光一や下村博文、維新の馬場伸幸などが加入する通称カジノ議連（国際観光産業振興議員連盟）がある。裏金議員やネコババ議員に裏で金を配って、法律を変えさせてしまえばこっちのもの。「夢洲カジノ業者に限ってオンラインカジノを認める」と法律を変えれば、日本でぼろ儲けが出来るぜ。立派なビルはいらない。夢洲にはプレハブ小屋でいい。別の本部にネットセンターを置いて、野球やバスケット、麻雀などをバーチャルで楽しめるようにして、スマホで釣り上げたらいい……。

危険なのは政治が劣化していて、そんな法律がやすやすと通ってしまいかねない現実だ。

そもそもなぜ横浜や大阪でカジノ問題が浮上したのか。それはアメリカのトランプ大統領にせっつかれて、「日本では3か所に限って営業できる」という法律を作ったからだ。その流れでいくと「夢洲に限ってオンラインカジノを許可」しそうではないか。先陣を切ってこの流れを作ったのが維新だ。佐高信さんがよく言う「自民より劣化した、ヤクザにもなれない半グレ集団」に政治を任せた結果が、この大阪万博であり夢洲カジノだ。

24年6月、佐高さんとの第6弾の収録が終わり新大阪駅まで戻ってきた。あちこちにミャクミャクがいる（苦笑）。「吉村まんじゅう」に続き、次はミャクミャクを消してやる、と密かに決意した。どうか最後までお読みいただき、こんな半グレ集団を選ぶべきではないこと、あきらめずに次は投票に行って政治を変えないと本当に日本がダメになってしまうこと、などを実感していただければ望外の幸せである。

（「はじめに」を含め本文は全て敬称略とした）

序章　維新不祥事ワースト10

維新不祥事ワースト10

佐高　今日は、西谷さんに「維新不祥事・暴言列伝ワースト10」というものを持ってきていただきました。

西谷　佐高さんに「書け」と言われまして（笑）。

佐高　私が西谷さんの『路上のラジオ』に呼ばれてしゃべったときに、それを本にするというから、このワースト10を後ろに必ず付けろと。それが遅まきながら実現した。

西谷　『統一教会の闇 アベ政治の闇 まだ止められる大阪カジノ』（2022年11月日本機関紙出版センター）の付録として、ワースト10を付けました。

佐高　それをじゃあ、発表してもらいましょう。

西谷　ちなみに、これは2022年6月22日時点のものです。いっぱいあるから、10に絞るのが難しかったんですよ。

佐高　絞らなくていいんだけど、それじゃワースト10じゃ足りない、ワースト10

0ぐらい行くでしょう。

西谷　第10位はやっぱりこの人でしょう。丸山穂高。

北方領土問題について、「戦争をしないとどうしようもなくないか」「（戦争をしないと）取り返せない」と言った。これは確か国後島に行きまして、元島民のみなさんとお酒を飲んだときの発言です。この人はけっこう酒癖が悪いみたいで、その後に「キャバクラに行きたい」、「おっぱい」などと暴れ出して、押さえつけるのに大変やったという話です。

佐高　本音が出たと。それで丸山穂高は維新を辞めたでしょう。

西谷　維新を辞めて、NHK党に入るんですよ。

佐高　丸山穂高が維新を辞めた後に、鈴木宗男が維新に入ってくるよね。

西谷　国後島つながりで。

佐高　そうそう。これも忘れられているね。

西谷　忘れられていますよね。第9位に行きましょう。第9位は猪瀬直樹。

佐高　私の天敵じゃないの（笑）。

西谷　天敵の猪瀬直樹を挙げました。選挙の街頭演説会で、維新の会候補の海老沢由紀に、公衆の面前でセクハラをしたんですよね（2022年6月12日）。

佐高　最近、猪瀬が国会で居眠りしているとか。何しに行っているんだというね。

西谷　ほんま、何しに行ったんでしょうね。

　猪瀬も大変な人なんですけれども、実はこの海老沢、この選挙の前は大阪市会議員だったんですよ。大阪市会議員から東京に鞍替えして立候補したんですけれども、実は、ずっと東京に住んでいたんちゃうか、という疑惑があります。

佐高　なるほど、これは猪瀬と海老沢がセットになっているのね。

西谷　そうですね。セットで9位です。だから、10に絞り込むのは難しいんですよ。

佐高　猪瀬単独では難しいんだね。

西谷　海老沢は子育て中だったので、「ママ友」がいるわけですよ。大阪市会議員のときに、東京のママ友が「東京で仕事も子育てもずっとがんばってました」と情報提供している。だから、そんな細かいことを追及しないでよ、彼女がかわいそうじゃないと言っているんですよ。ママ友は擁護したつもりが、彼女の足を引っ張っているわけよね。

佐高　維新は、猪瀬含めて、自分を維新しなきゃならないやつらばっかり。

西谷　ちなみに、地方自治体の選挙に出るときは、その土地に住んでいないといけませんからね。海老沢は東京から大阪に頻繁に来ていたみたいで、「新幹線代が高い」と愚痴っているわけですよ。要は、大阪市会で立候補して通りましたが、居住実態がないから、本来、議員資格を剝奪せなあかんかったと思います。実際に住んでいる東京では落ちて、住んでいない大阪で通っている。これが大阪の実態です。

次に行きましょうか。第8位、守口市議会議員4名。この人たちは何をしたかというと、新型コロナウイルスが2020年に第1波、第2波と来たじゃないですか。あのとき、コロナ陽性になったら、周りからえらい責められたでしょう。この4人は守口市の職員2人がコロナになったとき、彼らの上司を監禁したんですよ。その上で「何でコロナになったんだ」と言って責め立てたわけです。陽性者のうちの1人は妊婦ですよ。守口市の幹部を問い詰めて監禁したので、これは犯罪行為ですよね。その後、守口市で百条委員会（「地方自治法100条に基づく特別委員会」）が設置されて、委員会は糾弾していますが、議員は辞めなかったと思います。これを第8位に挙げました。

佐高　じゃあ第7位。

西谷　第7位は松井一郎ですね。この人はヘビースモーカーなんですよ。でも、大阪府議会の本会議のときにたばこは吸えないじゃないですか。だから手が震えてたんと違いますか、本会議の休憩時間中に庁舎を離れて、公用車の中で6分たばこを吸ったという。

佐高　たばこ以外ももっとすごい悪いことやっているけれどもね。

西谷　そうなんです。おもしろいからこれを出したんですけれども、実は、橋下徹が大阪市長時代に、職員がたばこを吸ったというので、停職3か月の処分をしているんですよ。橋下はたばこが嫌いだから。そのうちの1人は消防署長だったんですが、おそらく恥ずかしかったんでしょうね、処分当日に依願退職しました。たばこで人を退職に追い込んでいるんですよ。

佐高　じゃあ松井を退職に追い込まないとね。

西谷　追い込めという話ですよ。松井は、窓を開けて吸ったから運転手には煙はいっていないと言い訳をしていましたけれどもね。この人は、他にも公用車を私的利用するんですよ。例えば、スパ。サウナが好きなので通っているんですが、それも公用車を使って64回。

佐高　よっぽど何か洗わないといけないんだね。

西谷　ほんまですね（笑）。しかし、スパに行くのに、公用車を使うべきだったのかどうか。

他にも、2021年の解散総選挙で維新の候補が次々と当選しました。松井の出身地の八尾市から出た候補が通ったので、当選祝いを焼き鳥屋でやったんです。このときまだコロナが流行していたので、吉村、松井は、2時間以内・4人以内の宴会にしてくださいと言っていた。その本人が、30人以上で3時間以上の宴会をして、またそれも公用車で行っているんですよ。

佐高　これは何か写真誌で出たよね。

西谷　『FRIDAY』に出ました。とにかく公用車が好きですね。

佐高　言い訳はしていないの？

西谷　開き直っていました。在阪メディアはあまり問題にしないので、『FRIDAY』が書いただけでもう収まってしまいました。

「イソジン吉村」と「ウソつき橋下」

西谷　第6位、これはイソジンでしょう。

佐高　イソジン吉村。

西谷　2020年8月の上旬、コロナが流行っていたときに吉村が会見をしたんですけれども、1部と2部にわかれていて。1部は大阪ミナミの飲食店は8時で閉めてくれと、その代わり補助金を出しますよ、という要請。その後、記者会見が終わったかなと思ったら、わざわざ机を出してイソジン並べて、「今からうそみたいな本当の話をします」と言ったんです。よく、マルチ商法の人が言うでしょう。「うそみたいな本当の話です、奥さん」と。それで、机にイソジンを並べはじめました。「イソジンでうがいしたらコロナが治ります」とはっきり言った。1日4回やってくださいと。こんなので治りませんって。

佐高　少し前のことなのに、もうイソジン吉村も忘れられているよね。それとインサイダー問題。

西谷　はい。コロナが流行った2020年の4月に「大阪ワクチンができます」と言った。7月から治験を開始して、9月にもうワクチンが実用化しますと。その開発をしているのが「アンジェス」というベンチャー企業。発表された後、アンジェスの株価がドーンと上がるわけです。このアンジェスの創業者が森下竜一という人です。

佐高　私の網に残念ながら引っ掛からなかったな。

西谷　大阪ローカルの話題ですからね。見事にワクチンはできませんでした。ワクチンができるよと言って、できるできる詐欺で、株だけ上がって大儲けした。

佐高　完全に株価操作じゃない。

西谷　大阪府知事の吉村が発表したんですよ。だから、株が上がったんです。もっと言うと、イソジンは塩野義製薬なんですよ。吉村がイソジンで治ると言ったら、塩野義の株価もどーんと上がった。あのとき、読売テレビの『ミヤネ屋』で生放送していたんですけれども、テリー伊藤さんが「インサイダーやろうと思ったらできる」と言いましたもん。先に塩野義の株を買おうと思ったらできるみたいなことを。これを言うということは、読売テレビは先にわかっていたと思うんですよ。テロップが次から次に出てきましたから。テリーさんはさすがにすぐに取り消しましたが。生ではそう言っていたはずです。

佐高　しかし、実際にかなり儲かったはずだよね。

西谷　儲かったはずですよ。森下竜一もですが、ほかにも儲かったやつはいると思います。

　実は、この森下が大阪ヘルスケアパビリオンの選定責任者なんですよ。だから、パビリオンはこの人の胸三寸で決まっていく。もしかしたら万博が終わったら、電通の人みたいになるんちゃうかなと思っているんですけれども。

佐高　これはつまり吉村、松井とも関係あるわけね。

西谷　もちろん。維新に関係ある。大阪府とか大阪市の審議委員もやっているから、万博推進委員にもなっています。

第5位に行っていいですか。

佐高　はい。

西谷　第5位は絶対入れたいなと思って。橋下徹。2013年のことですが、この人は「従軍慰安婦は必要だった」と言った。とんでもないですね。しかも、沖縄の海兵隊のトップである司令官に「風俗業を活用してほしい」と言ったんですよ。実はこの人、大阪の風俗街の弁護士でもある。サラ金と風俗の弁護士ですよ。

佐高　弁護士の肩書だけ有名で、その実態はあんまり知られていないよね。

西谷　この人は『行列のできる法律相談所』とかに出ていたタレント時代に、『まっとう勝負！』という本を書いているんですよ。この中に何と書いてあるかというと、「ウソつきは政治家と弁護士の始まりなのっ！」と。うそをつけないやつは弁護士と政治家になれないよと書いているんですよ。ところが、この本はもう最近は手に入らない。Ａｍａｚｏｎの古本とかで探してもあんまり見つからないんですよ。大阪の図書館に1冊だけあったので、これを借りて写真を写したのですけれども、自分が政治家になると思っていない時期に書いたので、もう回収したのかも。「ウソつきは政治家と弁護士の始まり」。もう本当にそのとおりやなと、橋下を見ていたら思います。

偽造をためらわない議員たち

西谷　さて第4位、「愛知県知事リコール署名偽造事件」。これは覚えてはりますか？　高須クリニックの高須克弥と名古屋市長の河村たかしが、維新の田中孝博事務局長を使って、愛知県知事の大村秀章さんを辞めさせようと、リコール署名を始めたんです。「あいちトリエンナーレ2019」での企画展「表現の不自由展・その後」をめぐってね。「お辞め下さい大村秀章愛知県知事」と。

リコールには、地方自治法で有権者の3分の1以上の署名がないとできないわけです。愛知県の場合は約86万筆。これは住所、名前、生年月日の記入と印鑑が要りますから、かなりハードルが高いんです。それを規定期間の2か月でやりまして、43万筆集まったと選挙管理委員会に提出した。ところが、内部から筆跡が同じやという告発が出て調べたところ、36万筆が偽造だった。たった7万筆しか集まってなかったんです。

佐高　それで、この田中孝博は何か罪に問われたの？

西谷　問われました、地方自治法違反で。当然維新の議員としては立候補できなくなった。逆に言うと河村と高須は、逃げのびてしまった。

佐高　河村と維新はもうツーカーなわけね。

西谷　ここで素朴な疑問ですよ。43万筆の署名を選管に出すわけです。そうしたら選管もプロですから、すぐ偽造を見破るじゃないですか。そうすると、田中孝博がやったわけですから、彼が罪に問われるでしょう。普通に考えたら、怖くてこんなのできませんよ。それなのに田中はやった。何でやと思います？

佐高　知らない。

西谷　裏に知恵を付けたやつがいるわけ。必要数の86万筆以上が集まったら1枚1枚調べるけれども、それに満たなければ、選管は数だけ数えて返すだろう。そのまま返すじゃないですか。中身を調べないなら、偽造を積んで43万筆集まったと水増ししても大丈夫やと言うたやつがいる。それはどちらでしょう。高須か河村か。

佐高　河村か。

西谷　そう思います。河村は以前、名古屋市会と対立して「減税日本」を立ち上げ、市長主導のリコールを1回やっているんですよ。リコールの経験があるので、選管の裏事情を知っていた。今回のこのリコール署名は亡くなった人の名前もあったんです。ということは、数年前のデータを持っているわけです。

佐高　流用したんだね。

西谷　そのリストをばーっと書き写したんだと思う。だから、河村まで捜査が行かなあかんと僕は思うんですよ。

佐高　河村は弁明したの？

西谷　いや、俺は知らんぎゃー言うたんちゃう。

佐高　減税日本というけれども、お前を減税しろという。

西谷　これがワースト4位です。

佐高　河村と高須クリニックだね。

西谷　この2人は広告塔でした。
佐高　本当に維新というのはろくなやつが集まってこないよね。
西谷　内部告発がなければ、犯罪者が衆議院に出るところだったんですよ。危なかったですよ。
佐高　いよいよ第3位は。
西谷　ワースト3になりましたね。これはたくさんいるんです。足立康史、東徹ら、維新の議員たちです。
　これは文書交通費（文書通信交通滞在費。現・調査研究広報滞在費）ですね。1日だけでも100万円が出るというので、問題になったでしょう。維新は、「うちは透明性が高いから文書交通費をどうやって使ったかみんな明らかにしています。領収書を添付しています」といって、足立康史の領収書はこれですよ、と公開した。そうしたら、「日本維新の会」足立康史が、足立康史に寄付している。これはどういうこと？
佐高　しかし、恥ずかしげもなくこういうのを出すんだね。

西谷　資料を選管に付けないとあかんからね。中身まで調べられへんと思っていたんじゃないですかね。でも、これは恥ずかしいでしょう。

佐高　これはさすがに記事が出たの？

西谷　これも『日刊ゲンダイ』と『赤旗』くらい。おもしろいのに、大きな話題にならなかったでしょう。

佐高　新聞は何しているんだ。

西谷　この自分宛領収書、維新議員は21人出しています。

佐高　足立だけじゃないんだ。

西谷　東徹とか梅村みずほとか、ほかの議員も同じことをしています。

佐高　別人格ということか。

西谷　足立康史は大阪９区だったと思うんですけれども、９区の支部長なんですよ。足立康史が足立康史の支部にやっているという形です。使いきれへんかった分を。60万と４０８８円分。

サウナ市長と殺人未遂の議員秘書

西谷　第2位に行きましょう。これは知っている方も多いんじゃないかな。サウナ市長・冨田裕樹。これは池田市役所の市長室に家庭用サウナと、私物の自転車を漕ぐトレーニング器具を持ち込んで、住んどったという。

佐高　住んでいた？

西谷　住んでいた。サウナに入って、タオルとか使うじゃないですか。その使用済みタオルを秘書課の職員に洗わせていました。

佐高　この人は市長になる前は何していたの？

西谷　足立康史の秘書です（笑）。さっきの第3位の秘書。

佐高　足立はヘイトに近いようなことをする人でしょう。

西谷　そうそう。橋下徹とたまにバトルしています。同じヘイト同士が。百田尚樹と橋下徹みたいなもんで。それにしても、市役所にサウナを持ち込むというのは信じられへんかったです。

佐高　それで処分はどうなったの。

西谷　サウナに使った電気使用料金690円を市に返還しました。サウナは自分のものやからね。サウナ代は払わんでええけれども、サウナに使った電気は市役所のを使ったから返還したんだと思います。

佐高　しかし、サウナは自分で運んだの？

西谷　いや、それはわからない。

佐高　業者に運ばせたなら、その代金だってあるでしょう。

西谷　支持者に運ばせたのかもしれません。それで、冨田は激怒するんですよ。サウナがあるということがばれたときに、内部の市の職員がばらしたに違いないということで、秘書課や総務部の職員を含めて犯人探し。市の職員に私じゃありませんと、一筆書かしよるんですよ。そういうパワハラ体質だった人です。

佐高　これはまだ市長をやってんの？

西谷　いや、もう辞めました。辞めて市長選挙になるじゃないですか。また次の選挙に出ましたよ。

佐高　さすがに落ちたのか。

西谷　落ちたけれども、サウナ市長を批判した反維新の側が、自民党系と旧民社党系の2つに割れちゃったんですよ。保守派のほうに統一しようと心ある市民は言っていたのが、ギリギリになって維新で池田市議会議員の瀧澤智子が市長選に出たんです。その彼女が勝った。サウナ市長でこんなひどい目に遭った池田市民は、また維新を選んだ。

佐高　池田市民の頭を洗濯しなきゃ駄目だね。

西谷　これはもう池田市だけじゃないんです。大阪特有の現象が起きています。

さて、第1位です。最近有名になった梅村みずほの第一秘書・成松圭太が第1位です。これがすごいんですよ。成松は、コロナのさなかに、堺市の友人宅で飲み会をしました。そこでおそらく喧嘩したんでしょうね。飲み会が終わった後の午前2時ごろに、車でもう1回やってきて、出てきた友人を車でひき殺そうとした。

佐高　殺人じゃん。

西谷　殺人未遂です。しかも、その男性の顔を殴っています。

佐高　一応接触事故？

西谷　接触事故を起こして、傷害も。

佐高　成松は、もしかしてその筋の人なの？

西谷　いや、大阪維新の会の府議会議員の娘婿です。成松にとっての義父である府議会議員、彼は維新の重鎮で、松井一郎が頭が上がらない存在です。

佐高　何という人だっけ。確か、横倉廉幸（やすゆき）。

西谷　そう、横倉。大阪市西区から出ている議員ですわ。

佐高　それで、成松は殺人未遂で捕まったの？

西谷　いったん捕まったけれども、殴られた人が告訴しなかったので、傷害罪に移行して不起訴になっています。

しかし、2008年に橋下徹が知事になってから、もう15年ぐらいずっと維新の不祥事を追いかけていますが、女性スキャンダルとか、お金とか暴言はたくさんあっても、殺人未遂はさすがにいなかった。

佐高　それは断トツの1位だね。

西谷　これもまた後日談がありまして、成松は2022年の6月に日本維新の会の職員として再雇用されております。

佐高　いずれはどこかで立候補させるということだよね。

西谷　おそらく。

佐高　さすがの私も絶句する。ひどい、犯罪者集団だよな。昔、開高健のルポを読んでいたら出てきたんだけど、大阪府民は、怒るとたまに石を投げたりしていたとか。

西谷　卵を投げたり、石を投げたりね。

佐高　そうしたら、投げている人たちの後ろのほうで、おばちゃんが石を売っているというんだよ。

西谷　大阪らしい（笑）。

佐高　石要りませんか、1個10円でっせと言っていた。どこまで本当か知らないけれども。次の日になったら、それが15円に上がっていたというんだよ。このエピソードは、すごく大阪を表していると思うんだよな。そういうと、また大阪府民に怒られるかもしれないけれども、その反骨気質はどこにいったんだと。

西谷 大阪府下の有権者はもうちょっと真面目に考えて、投票に行かないと駄目ですね。「どうせ維新やろ」みたいな雰囲気なんですよ。どうせ維新やから、どうせ吉村が勝つから、俺はもう行かへんわ、ということで投票率が下がる。維新は強固な府議会議員、市会議員の票があるから、投票率が下がれば下がるほど勝つんです。

佐高 いまワースト10で聞いたスキャンダルも、メディアになかなか出ないからわからないわけか。

西谷 ちょっと雑誌やネットに出ても、新聞・テレビが報道しないから、すぐ忘れますよね。成松圭太の事件なんかすぐ忘れられる。

佐高 こうして私と西谷さんが維新の悪口を、いや、実情だな、語っていかないといけないな。

第一章　「維新」とは何か

維新の裏に竹中平蔵あり

佐高　自分の本になりますけれども、森功さんと『日本の闇と怪物たち　黒幕、政商、フィクサー』（２０２３年６月）を平凡社新書から出しました。ここに維新のことも書いているんですね。

西谷　読ませていただきました。

佐高　維新について忘れられているのは、竹中平蔵との結びつき。これが忘れられているということは、要するに竹中を先生と仰ぐ菅義偉、そして菅の親分だった安倍晋三、そして、松井一郎・橋下徹との関係も忘れられているということです。つまり、維新もまた、統一教会と深く深くつながっている。これは繰り返し言っていきたい。

今日、西谷さんがすごい話を準備してくれたとか。

西谷　いや、すごくはないですけれども。松井一郎のお父さん、松井良夫というんですが、彼は笹川良一の子分だったという。

佐高　運転手か何かしていたんだっけ。

西谷　そう、専属の運転手です。笹川の利権に食い込んで大阪の住之江競艇の電気工事を一手に引き受ける、株式会社大通というものを作って、それを松井が引き継いだ。松井一郎は会社の社長をしながら府議会議員をやっていた。僕は府議会議員の所得を調べたことがあるんですが、松井が断トツに多かった。

佐高　笹川ということは、そこでもまた統一教会と結びつく。

西谷　そうです。そして、安倍晋三は妖怪の孫なので。

佐高　妖怪、岸信介のね。

西谷　はい。岸信介と笹川良一が、だから、右翼つながり。

佐高　そして、堺屋太一という大阪のおっさんがいるでしょう。いま、大阪万博の問題があるけど、１９７０年の大阪万博をやったのが、堺屋。この堺屋太一が橋下と竹中を公の世界に引っ張り出したんだよ。だから、２人は堺屋組の兄弟分なのね。

西谷　橋下と竹中がお互いにほめ合っているのは、その関係が底にあるからなんだよ。

西谷　気色悪いですね。

佐高　この橋下と竹中のラインというのも案外忘れられている。竹中は維新の候補者選定委員長なんてやっていたんだよ。

西谷　橋下徹が公務員は要らないと言って、大阪市役所の公務員をリストラした。窓口職員が足らんようになって、大阪市の窓口はみんなパソナに委託ですよ。

佐高　竹中が会長のね。今は辞めたけれども。竹中と維新についてもう少し言うと、2023年9月3日号の『サンデー毎日』で、田原総一朗さんが竹中を引っ張り出したんだよ。

西谷　そうそう。

佐高　そこで、「維新がやってくれるでしょう」みたいなことを竹中が言った。あれは竹中が自分で維新との関係を自白しているようなものだよね。維新の裏に竹中ありというのがさ。

西谷　僕のラジオでも他でもそうだけど、やっぱり竹中の名前を出したら喜ぶ人は多い。だいぶ嫌われとるな。

佐高　それともう1つ、同じく『サンデー毎日』で言っているけど、マイナカードのひもづけのミスについて、「あのくらいの人為ミスは誤差の範囲内だ」と言ったんだよ。

西谷　河野太郎が？

佐高　河野じゃなくて、竹中が。

西谷　竹中も？

佐高　そう、偉そうに。ふざけんなと思ったね。納期に間に合わないなんて、一般企業じゃあり得ないだろう。

　話がそれるけど、ちょっと腹立たしかったことがあって。この前参議院のドン・青木幹雄が亡くなったでしょう（2023年6月11日）。すると、やたらとみんな青木をほめるのね。死んだらほめるというのもあるけれども、生きているうちに批判もしないから、ずっとほめっぱなしになってしまう。かつて、小泉純一郎は、「自民党をぶっ壊す」と言ったでしょう。この自民党というのは田中派のことなんだよね。田中派をぶっ壊すと言ったの。

西谷　つまり、経世会のことですね。

佐高　そう。青木幹雄は竹下登の秘書だから田中派の一員だった。敵に塩を送るみたいにして、青木は小泉を支えるわけよ。

西谷　つまり、仲間を裏切っているわけね。

佐高　そう。それで小泉の郵政民営化などの道を開いた。だから、竹中平蔵への道を開いたのが青木幹雄なんだよ。

西谷　あきませんな。

佐高　リクルート疑惑のときに、秘書の青木伊平という人が亡くなったわけ。これで助かったのが竹下登と言われるけれども、青木幹雄も竹下の秘書だったんだから、同じく助かっているわけよ。そういうのは全然忘れられている。ちょっとこれは話がそれましたけれども。

親玉・堺屋太一

佐高　堺屋太一に戻ります。もう一度言うけど、この堺屋が、維新の創業者である橋下徹を引っ張り出してきた。

西谷 親玉の親玉じゃないですか。

佐高 親玉の親玉。私は繰り返し言っているんだけれども、経済についての考え方で、はっきりとした流れが2つある。1つは、経済評論家の長谷川慶太郎というのがいたんだけど、彼は「バブルに乗っからない経営者はパーだ」みたいなことを言った。パーはお前だろうという話なんだけれども。長谷川は元共産党員で、吹田・枚方事件（1952年6月に起こった、朝鮮戦争反対デモ弾圧事件〔吹田事件〕と北朝鮮を支持する約100人が起こした爆弾事件〔枚方事件〕）で捕まっている人なの。

西谷 吹田・枚方事件に関わるんですか。

佐高 そう。昭和2年生まれ。同じ年で城山三郎さんがいる。それで、この長谷川慶太郎の主張は、「会社を儲けさせればいい」というもの。

西谷 今の新自由主義の権化みたいな人ですね。

佐高 そして、この長谷川の弟子みたいなのが堺屋太一。堺屋の弟子が竹中。長谷川、堺屋、竹中と来るわけですよ。これに対して、もう1つの流れである城山三郎さんは「国民一人一人、暮らし大事に」を主張していて、会社大事にじゃないの。

西谷　生活者の目線ですね。

佐高　そうそう。城山三郎、内橋克人、佐高信。これが正しい流れ。

西谷　おっしゃるとおり。

佐高　堺屋は、大阪に70年万博を呼んだ張本人だということからもわかるように、要するに、お祭りしかないわけ。ばくち資本主義というか。

西谷　言っていることが薄っぺらいですわ。

佐高　堺屋は小渕内閣の大臣（経済企画庁長官）になったときにやったことがあるんだけど、覚えてる？　2千円札の発行。

西谷　ああ、ありましたね！　すぐに見かけなくなった、あの使えへんお札ね。それを進めたのが堺屋だとは知らなかった。

佐高　私は2千円札じゃなくて、偽札の発行だろうと言ったんだけれども、こういう変なことしか考えられない。元通産（現・経産）官僚にもかかわらず。

西谷　２０１３年に、道頓堀にプールを造ろうとか言ったのも、堺屋太一の発案でしたね。ひっそりと中止になりましたわ。大阪城でモトクロス大会をするというのは、橋下、松井の発案でした。仁徳天皇陵をライトアップする。これは松井の発案。要は、やっていることが軽いねん。

佐高　日々の暮らしとかいうんじゃなくてね。頭が祭りなんだよ。

西谷　それも、せこい祭りを考える。

佐高　そうそう。それが維新の性質だというのがよくわかる。

維新の誕生

佐高　さて、維新の始まりと言うと、橋下徹なわけだけど。

西谷　橋下徹、この人は最初、自民党から大阪知事選に出たんですよ。２００７年に自民党・公明党の推薦で出ている。ところが、２００８年に大阪庁舎をＷＴＣビルという、夢洲の隣にある咲洲（さきしま）のビルに動かしたいとなったとき、それを自民党に反対されたから、松井一郎とか、東徹とか、浅田均が維新の会を作って出たと。だから、もともと維新は自民党。

そうして、２０１０年に橋下が「大阪維新の会」を作った。

佐高　この間、川柳の鶴彬（つるあきら）についての講演会があったんだけど、そこに来ていた若い女性、確か京都の人だったけれども、「維新に投票した」と言うんだよ。みんなに怒られたらしいんだけれども、そういう人がかなりいるんだよな。

西谷　橋下は飛ぶ鳥を落とす勢いでね。最初に彼が知事選に出たときとか、共産党支持者まで彼に入れていましたから。

それで、２０１２年。国政進出の「日本維新の会」で、橋下は石原慎太郎と組んだ。そのとき、比例で１２００万票取っているんですよ。それが、今は８００万でしょう。一度６００万まで落ちたんやけど、８００万ぐらいまでまた復活した。だけど、最初の１２００万は、それから後は１回も超えていないんです。

佐高　それは大事な指摘だね。だーっと右肩あがりに伸びているような印象だったけど。

西谷　伸びているように見えるけど、実はそうではないんです。最初の石原慎太郎と組んだときが一番取っているんですよ。

佐高　石原慎太郎というのは、あまり政策がない人でしょう。けっこうなまがいものなんだよ。元通産官僚の小林興起というのがいるんだけど。

西谷　はい、いますね。

佐高　けっこう右翼チックなんだけれども。私とほぼ同い年で、それなりに仲がいいんだよ。慎太郎の一の子分だったけど、その小林興起を橋下は切ったんだよ。一緒にやるとなると、小林をコントロールできないだろうと思ったんだろうね。

西谷　慎太郎が興起を切ったの？

佐高　切った。最終的には慎太郎が切るんだけど、つまり橋下が口を出したわけよ。

西谷　橋下がライバルや思って切ったわけですね。

佐高　小林興起はしょっちゅうそれを言っている。だから、橋下は行くところ敵なしみたいな感じだけれども、手ごわいと見ると逃げるという。

西谷　そういえば、慎太郎は、橋下を「若いときのヒトラーですよ」と言っていましたね。ヒトラーと同じぐらいやるやつやと言って。おもろいな思って聞いていました。

佐高　それは正しいよね。朝堂院大覚も橋下を応援しているんだよ。朝堂院は、前は慎太郎を応援していたからね。

橋下・吉村人気を「作った」大阪メディア

西谷　大阪メディアと維新については、やしきたかじんとの関係が切っても切り離せないので、ちょっと触れようと思います。

いま、吉村が毎日のようにテレビに出ているんですよ。「吉村さんかっこええ」と吉本興業のタレントが言って盛り上げる。そうなった背景なんですけれども、『たかじんのそこまで言って委員会』という番組が原因です。２０１４年にたかじんが亡くなってからは、『そこまで言って委員会NP』に改題していますが。

佐高　私も呼ばれて2回ぐらい行ったけど、ひどい目に遭いましたよ。

西谷　出はったんですか。もう右翼の人ばっかりでしょう。

佐高　そうそう。もう10対1ぐらいの。圧倒的にアウェー。

西谷　ここで、たかじんと橋下が仲良くなったんです。また、辛坊治郎ともここで出会って、大阪府知事選出馬を後押しした。実は、この『そこまで言って委員会』

を作っていた制作会社「ボーイズ」の顧問弁護士が吉村やったんですよ。その関係でやしきたかじんと吉村が仲良くなって、やしきたかじんの個人弁護士にもなるんです。

佐高　このつながりは指摘していかないといけないね。

西谷　はい。2011年、3・11の直後に、統一地方選挙があったんですよ。このときに、「大阪維新の会」の議員を増やさなければならないとなった。人材がまだおらへんから、だれかいい人がいないかと橋下が探していたときに、やしきたかじんが「ええのおるで」と紹介したのが吉村です。それで吉村は大阪市の市会議員になった。市会議員から衆議院議員になって、衆議院議員から市長に、さらに市長から知事になっているんです。だから、実は吉村洋文という人は1回も任期を全うしていません。途中でどんどん代わっていって、今は知事の地位についている。

佐高　おそろしい。やしきたかじんというのは、それだけ影響がある人物ということですか。

西谷　たかじんは、大阪の視聴率王でしたから。橋下も、番組に出てきたときはものすごく視聴率を稼いでいたので、在阪メディアはやしきたかじんと橋下の言っていることには反対できないような雰囲気がありましたよ。また、大阪は、在阪の新聞がない。京都新聞も神戸新聞もあるけど、大阪新聞はないんです。全国紙は異動が多いので、外から来た新しい記者も、大阪はこんなもんなんだろうと思ってしまう。だれからも指摘されないから、たかじん、橋下が出ていたときと同じように、じゃあ吉村も出したらええんちゃうか、みたいな感じでずっとテレビに出してきた。そういう流れです。

佐高　やしきたかじんもね、亡くなった後に、後妻のことを百田尚樹が書いた『殉愛』をめぐって、たかじんの長女が訴えていたよね。長女が勝訴したけど。

西谷　泥沼でしたよね。いずれにしても、当初、橋下が出てきたときはものすごい人気だったんですが、だんだん人気も落ちまして、「従軍慰安婦は必要だった」発言でさらにどーんと落ちていくんですけれども、その批判はすぐに終わってしまって、どこのテレビも、橋下、松井、吉村の3人をずっと出し続けた。

さらに、2022年の正月に毎日放送で放送された『東野&吉田のほっとけない人』。ここに、この3人をそろって出演させたんですが、他の政党からは一切出ず、「吉村が総理にふさわしい」なんて発言もしていたんです。これにはさすがに批判があって、毎日放送は「政治的公平性」の不備があったと認めています。社内の検証もなされて、一応社として反省した。それで言うと、『そこまで言って委員会』の読売放送なんか、もっと反省せなあきませんよ。だって、たかじんの『委員会』でずっと彼らを出していたわけやから。それくらい、関西ではこの3人を出すことが当り前になっていた。

佐高　たかじんというのは、1回東京に進出したものの、あんまり芳しくなくて戻ったという話もあるよね。

西谷　上岡龍太郎さんとえらい違いですね。上岡龍太郎さんはそのまま人気爆発したけれども。

それで、この『そこまで言って委員会』の制作会社「ボーイズ」は、ネット番組の『虎ノ門ニュース』も作っているんですよ。それから、TOKYO MXテレビの『ニュース女子』も。辛淑玉さんが訴えを起こされましたよね。

佐高　名誉毀損訴訟でね、かなり問題になった。沖縄の米軍基地反対運動を取り上げる中で、辛淑玉がその運動側に付いて暴力行為を煽（あお）っていると、虚偽の報道をした。辛淑玉が勝利したけど、一時期日本にいられないくらい、ひどい状況だったからね。

西谷　そうそう。MXとスポンサーのDHCが負けた。

佐高　それも作っているの？

西谷　そうです。これらの番組は、要するに出てくるゲストがほとんど一緒でしょう。韓国が悪いんやとか、中国大嫌いやとか、それで安倍を出したりとか。そんな思想を持っている制作会社を弁護していたのが、吉村だった。

佐高　そんな連中を、大阪ではいまだにスター的な扱いをしている。

西谷　そうそう。

佐高　吉村人気というのは、ある意味橋下をしのぐものがあるじゃない。

西谷　あれもどうなんですかね。確かに橋下はもう賞味期限が切れて、吉村をばんばんテレビに出しましたが、やっぱりコロナのイメージが大きいですよね。コロナでがんばっているふりをして、それでまた信じ込まされたという、そういうところがありますね。

「銀行」の自民党・「サラ金」の維新

西谷　それで、佐高さん、これは何回も言いますが、橋下はサラ金「アイフル」の子会社の弁護士だったということです。その弟子の吉村は、武富士の弁護士やった。橋下は気に入らん人物を「スラップ訴訟」（言論を抑止するための民事裁判）していきましたが、武富士もスラップ訴訟をかけた企業です。4割の利息で貸し付けて、さまざまな悲劇があった。そういう事実をジャーナリストはこんなひどいあこぎな商売をしていると『週刊金曜日』に書きましたよね。

そうすると、武井保雄会長は疑り深い人物で、部下とかジャーナリストの家に盗聴器を仕掛けていたんですよ。いわゆる「武富士スキャンダル」です。しかし、社員の中川一博さんは、怖くなったんでしょうね、この盗聴器の音源をダビングしたテープを貸金庫に入れていて、その鍵を宇都宮健児弁護士に託した。それでこの犯罪がばれて武井会長は失脚する。宇都宮弁護士は、このとき武富士から被害を受けていた人々を守っている側でした。正義の弁護士、健ちゃん。

この人が、もし東京都知事になっていたらどうなっていたか。おそらく東の人権派知事はオリンピックを中止していたでしょう。東京オリンピックを中止してそのお金をコロナ対策に回していたと思います。西はサラ金知事ですよ。どっちがええねんと。これはわかりやすい構図でしょう。東は人権派、西はサラ金。どっち選びますかという。

佐高　前も言ったかもしれないけれども、私は『金曜日』の社長として訴えられたんだよ。だから、吉村とは敵対関係なわけね。

西谷　そうでしたよね。佐高さんは宇都宮さんと一緒に裁判を戦う側でした。これはわかりやすいじゃないですか。東・宇都宮、西・吉村ね。しかし、現実は、東には緑のたぬき（苦笑）、これはどっちもどっちやなということになります。そして、真ん中に金メダルをかじったおっさんがおるわけ。日本はどないなってんねんと。

佐高　だいたいサラ金の弁護士がカジノを作るなんて、怪しいと思わなければいけない。ギャンブルにはまった人は、金が足りなくなる。するとどうするかというと、サラ金に行くわけじゃない。

西谷　パチンコ屋の横にサラ金があるのと一緒ですよね。

佐高　そう、サラ金、闇金。これらに儲けさせようと思ってカジノを誘致するんじゃないかという。そういう疑いさえ持つよ。

西谷　十分あり得ますね。パチンコ屋があるからギャンブル依存症が起こって、サラ金が流行るわけですよね。その吉村は、ギャンブル依存症対策をすると言うてる。高校生に、ギャンブル依存症とはこういうものですよ、というパンフレットまで配っているんですよ。税金でね。でも、そんなの、カジノを作らないのが一番でしょう。そういう簡単なことが何でわからないのか。

佐高　サラ金を充実しますとか言い始めるかもしれない。

西谷　カジノやるんですからね。

佐高　それとこの間、関西学院大の冨田宏治さんが書いていたことでなるほどなと思ったんだよ。あなたが出した本の中で言っていた。

西谷　この本ですね。『打倒維新へ。あきらめへん大阪！』（2023年、せせらぎ出版）。

佐高　要するに、自民党が弱くなったところに維新が出てきたという。

西谷　そうなんですよ。神奈川県とか福岡県とかまさにそうです。

佐高　だから、自民党が強くなればいいという問題ではないけれども、自民党の支持層が、維新ならまだましだろうと思って、もっとひどいのに投票しちゃうということだよね。

つまり、維新というのはサラ金なんだよ。自民党は銀行なの。銀行よりたちが悪いのがサラ金でしょう。サラ金と銀行の比較で言うと非常によくわかるわけです。

西谷　安倍晋三がヤクザだとしたら、菅義偉は半グレだというのと似ていますよね。

佐高　総体として自民党はヤクザで、維新が半グレなのは間違いない。ヤクザと半グレでは、まだヤクザのほうが建前だけでも、カタギに迷惑をかけるなというものがある。半グレにはそれもなくて凶暴なだけ。

西谷　こっちのほうが問題じゃないですか。

佐高　問題だよ。

西谷　自民党で内紛したりしている場合じゃないですよ。和歌山もそうでしょう。二階と世耕が割れて維新が勝った。奈良は高市早苗と二階が割れて維新が勝つ。自民の足並みがそろわないところで、維新が勝つようになりました。

佐高　割れているときに野党がまとまればいい話なんだけれど。

西谷　そこは、立憲の泉健太が本気の共闘をしないから。

公明党との関係

佐高　毎日新聞の政治記者だった古川利明という人がいるんだけど、『「自民党〝公明派〟」15年目の大罪』（2014年、第三書館）という本を書いている。その中で、「大作ファシズムと橋下ハシズムの握手」と書いています。

西谷　池田大作の「ファシズム」と、橋下徹の「ハシズム」。

佐高　2012年秋に書かれたもので、橋下徹を題材にしていた。

西谷　橋下は2008年に大阪府知事になっていますから。飛ぶ鳥を落とす勢いのときですね。

佐高　橋下徹を代表とした「日本維新の会」は、結党宣言で、原則として全300小選挙区と比例ブロックに、400人の候補者を擁立するとぶち上げながら、次期衆院選で公明党が候補者を立てる大阪と兵庫の6選挙区で、候補者擁立を見送った。さらに、東日本で公明党が候補者を立てる北海道10区、東京12区、神奈川6区でも擁立を見送った。

公明党と、よほど密接な関係があると見るのが自然でしょう。大阪都構想でも公明党に橋下が激怒して、自ら立候補すると言いながら、結局見送ったことあったね。

西谷　公明党の婦人部のおばちゃんたちも激怒していたんですよ。都構想なんか絶対嫌やといって、公明党と維新、双方が怒鳴りあってた。

佐高　これは大阪都構想、維新、公明党、これを解く1つの鍵だと思うんだけれども。

西谷　もともと橋下が知事になるときに、自民・公明に推されていますからね。公明党とはもともとの関係は良好だったのではないかなと思います。

ところが、だんだんと維新が強くなってくると、公明党をコントロールしたくなったんじゃないですかね。なので、大阪の3区と5区、6区、16区は出さない代わりに、都構想で裏取引をする。そういうことにしていたのかなと思いますけれどもね。

佐高 しかし、今度は出すと言っているよね。

西谷 議会は維新が過半数を取っちゃったから、勢いがあると思っているんでしょうね。広島3区が典型的じゃないですか。

佐高 河井克行の後ね。

西谷 河井の後に、公明党から斉藤鉄夫が出たでしょう。そこに維新は出すと言っていますから、そうなると全面対決になる。自公政権と維新が岸田内閣の中でちょっと溝ができて、その上に大阪万博で逆風が吹いて。安倍・菅内閣だったら、国と維新は合体していくけれども、その時々で風見鶏だからね。

佐高 都構想の問題のとき、公明党は最初は反対だったけど、2回目は怪しかったんだよね。

西谷　都構想は反対やけれども、住民投票には賛成なんです。公明党はそういう玉虫色な態度です。都構想なんかせんでええと思っている創価学会員にいい顔しながら、住民投票はするので維新にもいい顔をするというのが、大阪の公明党のトップです。だから、公明党がちゃんと反対していたら、本来は住民投票を2回もせんでよかったんです。無駄な税金を使わないでよかったし、大阪市民が賛成と反対に分かれて喧嘩せんでもよかった。

佐高　大阪は、自民党もめちゃくちゃだけれども、公明党もめちゃくちゃになっているんだ。

西谷　どっちもだらしなかったと思いますよ。そのすきを突いて維新が伸びてきた。それは冨田先生のおっしゃるとおりです。

佐高　別に、私は公明党の行方を心配していないけれども、公明党にとっては常勝関西と言われるところでがたがたになったら大変でしょう。

西谷　でも、佐高さん、創価学会員の高齢化があるじゃないですか。共産党も高齢化で活動量がだいぶ減っているし、票もちょっとずつ落ちていますから、常勝関西といえども、維新が出たら公明党は負ける可能性は高いです。それだけはやめてくれということで、裏でお願いしているんちゃうかなと思いますけれどもね。

佐高 公明党のほうがお願いにあがっている形か。

西谷 公明党のほうがね。

「公」を切る改革

西谷 ということで勢力を伸ばして、大阪では維新政治が10年以上続きました。それでどうなったかですよ。大阪市は巨大都市じゃないですか。横浜に次ぐ全国2位の政令指定都市なんですが、保健所は大阪市内に何か所あると思いますか?

佐高 もしかして、1桁?

西谷 1つです。

佐高 1つだけか。

西谷 大阪は24区あるんですが、以前は24区に保健所があったんです。それを1つにまとめたんですよ。これは、維新の前の自民党政治がやったんだけれども、ものすごく不便なんですよ。その1つしかない保健所を、コロナなどの疫病が来たときのために充実させなあかんわけですが、維新政治が10年続いて、リストラに次ぐリストラ。縮小です。保健所の職員はリストラ、市民病院はつぶす、看護学校もつぶす。看護師が足らんのにそんなことをしてきました。

万博の問題が起こってからは、「空飛ぶ車より、すぐ来る救急車」が欲しい、と言われるようになりました。まあ、救急車が来てベッドが空いていても、病院の人員が削られたから入院できなかったわけですが……。

佐高　身を切る改革じゃなくて、公を切る改革なんだよね。

以前、水俣病について書いてほしいと依頼があったんだけど、水俣病を「公害」と表現するのは、私は反対なのね。あれは公の害ではない、「私害」なんだよ。私企業が引き起こした害なのだから「私害」だと。私が公を食い尽くすわけでしょう。

西谷　パソナが大阪市を食い尽くすみたいなもんやね。

佐高　そうそう。この維新というのは、公を私が食い尽くす、身を切る改革というのは、公を切る改革だと。それは、政治が要らないということなんだよね。それなら税金を取るなと言いたい。

西谷 政治は要らないということになりますね。

全国の公立病院の医者や看護師の数なんですが、全国平均では6%しか削減していないんですが、大阪だけ50%も削減していたんですよ。そりゃあベッドが空いていても入院できなかったわけですよね。コロナのときに看護師がいませんよね。保健所で電話を取る人すらいません。だから大阪市は、コロナで全国最多の死者が出ました。

2000年代に大阪のワイドショーとかで、大阪市役所の公務員に3万5千円の背広が支給されていると、よく放送していたんです。私らはつるしの5千円の背広で我慢しているのに、市役所の職員は優遇されているやんか、というキャンペーンをしたわけです。大阪市の市役所の組合はとか、市役所の職員はとよくやり玉にあがっていました。国鉄民営化のときの国鉄みたいな言われ方ですよ。確かに、背広3万5千円で腹立つ人は腹立つけれども、万博の夢洲、地盤改良に790億円も突っ込むわけですよ。それ以前にも、2001年の夢舞大橋建設に650億円も突っ込んだわけですよ。

佐高　すごく身近なところしか目が行かないのね。

西谷　大阪のおっちゃん、おばちゃんたちは、3万5千円は見たことがあるからわかるけれども、790億円は見たことがないからわからない。もう億が付いたらわからない。だから、3万5千円で怒るんです。3万5千円を身を切る改革と言ったら、「よしがんばれ」といって応援する。夢洲に790億突っ込んでも何のことですかとなる。ここが問題なんです。

佐高　おばちゃんたちとおっちゃんたちを夢洲に連れていけばいい。

西谷　ほんま、夢洲に連れていきたいですわ。

橋下徹のチェック体制

佐高　どこまで腐る維新という感じだけれども、維新という名前もまた、ごまかされることの1つなんだよね。

西谷　なんとなく「改革」のイメージが付きますよね。

佐高　かつては昭和維新というのもあったね。

西谷　二・二六事件とかですね。結局、暗殺とか暴力だったでしょう、恐ろしいな。万博するなんてのも、昭和の発想でしょう。

佐高　それと、橋下徹のやることは昔から変わらない。大阪知事時代に、入学式や卒業式で、教職員が「君が代」を歌っているかどうか、監視させていたでしょう。

西谷　口元チェックしましたね。

佐高　まさに、統制だよね。それから、京都大学教授の藤井聡に圧力をかけたんだよ。前に、藤井と対談したときに、聞いてみたんだけど、橋下が京都大学の総長に何で藤井を辞めさせないんだと抗議していたんだって。

西谷　京大の総長に辞めさせろって、越権行為ですよ。

あと、朝日放送に、藤井聡さんを出演させるなと言いましたね。『新聞うずみ火』の矢野宏さんというジャーナリストがいます。彼は大阪朝日放送のスタッフで入っていたんですよ。朝5時ぐらいの番組なんですが、その日の新聞の情報をまとめるブレーンをやってて、そこにずっと藤井さんが出られてたんです。

そのときに、藤井さんが大阪都構想の問題点とか、生放送で解説していた。藤井さんは番組のスタッフにメールでこういう番組を作ろう、ああいう番組を作ろうとやりとりしていたわけです。そのメールがなぜか橋下にばれていたんです。それで橋下は藤井さんに激怒した。中立ちゃうやないかと。

佐高 番組側が流したの？

西谷 いや、朝日放送のスタッフが橋下にチクるということはあまり考えられへんから、僕はそうじゃないと思います。おそらく、警察がそのメール会社のサーバーを閲覧して、橋下に報告したのと違うかな？　大阪府警のトップは、知事ですから。

佐高 警察か。それはちょっと訴えられかねない話だよね（笑）。

西谷 まあそうですね、訴えられかねない。

佐高 でも、スタッフということも。

西谷 まあスタッフということもあり得るけど、こんなの流したら、その番組をつぶされる可能性もありますからね、スタッフはやらないと思いますよ。

佐高 橋下は、けっこうしつこいのよね。しかも、おおっぴらに批判をどうぞと構えられない。小心者だよね。

西谷　橋下の口元チェックだって、そういう性質を表してますよ。大体、「君が代」のときに起立を義務付けるのもおかしいし、それに立ったとしても、下を向く自由はあるじゃないですか。橋下の側近の中原徹校長が、それをしつこくチェックしていたんですよ。橋下は中原をほめていましたね。「そこまでやるのはすごい」とか言って。

佐高　大阪のおばちゃんなんか、いきなり口元チェックされたらどう思うんだろうな。

西谷　大阪のおばちゃんはようしゃべってまっせ。商店街で。

佐高　それを止められたら困るだろうに。

西谷　困る。大阪のおばちゃんからおしゃべりをとったら、何して時間を過ごせばいいかわかりませんよ（笑）。

　だから、維新みたいなところを勝たせたらあかんのですよ。

佐高　口元チェック、しゃべりを止めるというのは論外。私は藤井聡の考え方に正直賛成ではないけれども、テレビに出させるなとかは思わない。
西谷 フランスのヴォルテールが言ったとされている「私はあなたの意見には反対だが、それを主張する権利は命がけで守る」のようにね。それが民主主義ですからね。
佐高 西谷さんの口からヴォルテールという名前が出るとは（笑）。
西谷 たまにはこういうことを言っておかんと、誤解されるから（笑）。
佐高 しかし、このチェック体制が維新の本質というのはあるよね。
西谷 さっき出た、石原慎太郎が橋下をヒトラーと似ていると言ったのもね、その点が同質なのかと思いますよ。維新はナチスですよ。
佐高 チェック・アンド・バランスが大事じゃない。権力の集中を防ぐこと。しかし、維新はバランスがなくてチェックだけなんだよ。
西谷 チェック・アンド・チェック。無知・アンド・無知。メディアのことも叩きますから、メディアのほうが怖がっているというね。

第二章　やりたい放題の維新議員

佐高　橋下は今は政治家から退いているけど、コメンテーターとして口出しは盛んだからね、まあ絶対復帰は考えているよね。

西谷　何か条件がそろうのを待っているような気もします。もうわかりませんね、口から生まれて、嘘をついても平気な人やから。この人は相変わらずやらかしますね。イチローよりも打率が高いんちゃうかなと思うぐらい。

2023年7月に、立憲民主の泉健太代表と喧嘩しました。

最初は、明石市の前市長・泉房穂さんと対談をしていて、こっちの泉さんとやりあっていたんだけれども、その後に、立憲民主の泉健太代表が、橋下は政治番組のコメンテーターなら中立でいるべきなのに、対談で立憲民主の悪口ばっかり言っている、中立ちゃうやないかと言った。そうしたら、今度は矛先が泉健太、泉その2に向かって、噛みついたんです。

それで橋下は泉健太に対して、むしろお前が国会議員を辞めるべきだというようなことをX（旧Twitter）で言って、国民にどっちが辞めるべきか聞いてみようと、アンケートを取ったんです。「辞めるべきは、①橋下（政治番組）、②泉（国会議員）、③橋下と泉」という三択で。勝つ自信があったんだと思います。自信があってアンケートをしましょうと言ったら、結果はなんと……。

佐高　橋下が負けた？

西谷　そうなんです。「橋下が辞めるべき」が6割を超えたという。国民の感性は捨てたものではないですね。

佐高　橋下はそれに対して何か感想は漏らしたの？

西谷　感想は何も。逃げているんとちゃいますかね。正直、泉健太は人気ないじゃないですか。勝てると思ったけど負けた（笑）。ああやばいと思ったんちゃいます？

佐高　馬場伸幸の共産党への発言があったじゃない。「日本からなくなったらいい政党だ」とか、あれと連動しているんだね。

西谷　立憲民主も共産党ももうなくなれみたいな形でね。

また、橋下の天敵がいまして、日本城タクシーの坂本篤紀社長。坂本さんは新型コロナが蔓延したときに、従業員の首を切らずに10台ある大型バスのうち、３台を売ったんですよ。それで給料を払った。しかし、仕事は激減しているから、社員たちと夜店で売っているようなベビーカステラを作って売って、会社をぎりぎり持たせた。

佐高　コロナでは観光業が特にやられたのに、従業員の首を切らなかったんだ。

西谷　切らずに。坂本さんが言うには、従業員は財産、運転手の技術も財産だと。バスはまた買い戻したらいいんだと、そういう素晴らしいことを言ったのでテレビ番組に呼ばれたんです（２０２１年４月）。

『報道１９３０』というＴＢＳのＢＳ番組で、橋下も出演していた。このコロナをどう乗り切るかという話題で、橋下は、「ＰＣＲ検査はすべきではありません」と言った。その当時は、韓国も台湾も検査をいっぱいやって感染者を抑え込んでいたのに、検査をするなと言うとったんです。

対する坂本さんは、「ＰＣＲ検査をもっとしたらええんちゃいますのん」と言った。「陰性の人だけで経済を回したらええやないですか」と、至極まっとうなことを主張しました。それで、橋下を生放送でコテンパンにした男としてネット上では有名になったんです。

佐高　坂本さんが?

西谷　そう。「坂本がんばれ」と、反響がすごかったんですね。

それで、2023年9月に「ライドシェア問題」でまた共演したんです。今度はフジテレビの『日曜報道 THE PRIME』で、タクシー不足の深刻化を受けて、ライドシェアを導入してはどうか、という話題でした。これは、一般人が登録して、客を乗せて報酬をもらえるようにする仕組みなんですね。橋下は維新やから、もっとどんどん白タクを走らせろと言う。坂本さんはタクシー会社の社長やから、ライドシェアには後ろ向きの立場です。

ここでやっぱりアンケートしたんです。ライドシェアに乗りたいか、乗りたくないか。

佐高　橋下はどうも、白黒つけたがるんだね。しかし、一般人の車に乗るのは危ないでしょう。

西谷　でも、橋下は、大体の雰囲気からして、絶対勝てる思うたんやね。タクシー不足は確かに深刻ですから。それで、アンケートしました。こっちはXと違って生放送ですよ。そうしたら、利用したい38％、利用したくない44％。やっぱりアンケートで負けとるんですよ（笑）。

このときのことを坂本さんに聞いたんですが、めちゃめちゃせこかった。橋下は、1週間も前に、この生放送で坂本さんと対決することを知っていたわけ。どこかの講演会で、1週間後に某タクシー会社社長と対決しますと言ってた。でも、坂本さんがこれを聞いたのは2日前。だから、橋下の準備は万端やったんですよ。

このとき、神奈川県知事の黒岩祐治も同席していて、この人も賛成だから、戦いは1対2で坂本さんが不利だったんですよ。でも、坂本さんは冷静に、ライドシェアの危険な点、問題点を指摘していました。やっぱり視聴者は賢いね、「乗りたくない」が勝った。橋下のレギュラー番組なので、ホームグラウンドですよ。それを見ている人でさえ、「利用したくない」が勝っているんですよ。

だから、アンケート連敗男（笑）。

相手を見て喧嘩をする

佐高　私も、橋下とは、1回だけ番組で一緒になったんだよ。
西谷　『そこまで言って委員会』で？
佐高　そう、大阪のスタジオまで行った。
西谷　もう完全アウェーでしょう。
佐高　すごかったよ。それで、出演者の中に田嶋陽子がいたんだよ。田嶋ぐらいは応援してくれるのかと思ったら、全然違っていて。本当に体感的に10対1という感じだった。そのとき、橋下と楽屋で会ったんだけど、けっこう静かだった。
西谷　楽屋ではね。
佐高　うん。おそらく、橋下は意外と臆病というか、喧嘩しても大丈夫な人かどうかを見ているんだね。
西谷　そうそう。だから、日本城タクシーの坂本さんとはもう戦わないの。

佐高　だから、そのときも橋下はほとんど言わなかった。みんなが私につっかかってきたときでも。

西谷　そうですか。本番中も黙っていましたか。

佐高　うん。これはちょっと厄介だと思ったんだろうな、喧嘩すると。ただ、私がいない場では何か言っていたな。そういうやつだよね。

西谷　そうそう。佐高さんがいないときにわーっと言う。もともとそういうやつです。僕も裁判すると言われたけれども、やらんかった。

佐高　それは、どうして訴えられそうになったんだっけ。

西谷　名誉毀損。

佐高　具体的には？

西谷　僕、「維新のトオルちゃん」シリーズと言って、彼をちゃかした動画をいっぱい作っていたんですよ。今でも残っていますけど。

佐高　そんなので来るわけ？

西谷　いろいろちゃかしまくっているから、やっぱりかちんと来ていたんちゃいます？

佐高　どういうの？

西谷　サザエさんの替え歌で、皮肉った動画です。「君が代歌わぬ先生　追いかけて　口もとチェックの　維新の徹ちゃん♪」とか。あとは、水前寺清子の「三百六十五歩のマーチ」の替え歌で、「ワン・ツー　ワン・ツー」を、「福祉削り　カジノ誘致　ちょう・はん　ちょう・はん♪」とか。けっこうウケて広まったんですよ。

佐高　なかなか煽ってるね（笑）。だから、YouTubeの動画も、「お笑い「維新」研究」と付けたんでしょう。お笑いを付けると売れるかもしれないという。

西谷　YouTubeはリアルタイムで反応がわかる。コメント欄を見ると、みんな吉本よりおもろいといって喜んでくれている。そういうのがいいんちゃいますかね。

佐高　しかし、橋下は、自分の土俵を荒らされたみたいな感じがしたんだろうな。

西谷　そうでしょうね。訴えると言われたのは、記者会見のときだったんですけれども。維新が都構想の住民投票で負けて、反対派が勝ったとき、記者会見をして、

「市長を辞めます」と宣言しました。そして、今まで公人だったけど、私人になったから、公人のときは耐えていた罵詈雑言に対して、訴えていきますと言った。すると、記者は、だれを訴えますかと聞きますよね。そのとき、一番に僕の名前を言ったんです。まず西谷を訴えますと。

佐高　それで、びびったの？（笑）

西谷　それはやっぱりびびりますよ。慰謝料いくらくらい請求されるのかな？と。でも開き直って「訴えるならどうぞ。その代わり2人で公開討論会しましょう。テーマは政治家とウソについて、でどうですか？」とツイートしたら黙ったんです。

松井一郎——口利きビジネス・裏口入学

西谷　橋下の次と言えば、やはり松井なわけですが。2人は公職を辞めて「松井橋下アソシエイツ」を立ち上げましたね。民間会社を作りました。

佐高　まだ仲は続いているわけね、公然と。

西谷　2人とも、知事と市長の経験があるでしょう。いっぱい人脈がある。俺のアソシエイツに相談してきてくれたら、話が進むよ、みたいな会社。もう普通に考えたら、口利いたるよ、その代わり2割抜くよみたいな、そんな会社ですよ。口利きビジネスです。

佐高　森友学園問題もそうだったよね。

西谷　森友も一番悪いのは松井ですよ。学園を認可したのは松井ですから。

佐高　安倍以前に松井の問題なんだよな。

西谷　松井の会社は電気屋なんです。住之江競艇で電気工事を一手に引き受ける会社をお父さんから引き継いで、かなり儲かっていました。だから、いっぱい電気で飾りたがる。御堂筋電飾とか、仁徳天皇陵を電気で飾るとか、そういうイベントの口を利けるわけです。大阪城でモトクロスをするとか、道頓堀にプールを造るとか、やっていることがチャラいねん。

佐高　タダでやるんじゃないわけだよね。だから、「松井橋下アソシエイツ」なんて名前じゃなく、「利権興業」とかにすればいい。

西谷　もしくは、「小電通」です。小電通大阪版をやろうとして、やっぱりいろんな人から批判されたんですよ。そうしたら、電通の高橋治之と同じで、逃げ足が速いです。橋下は何と言ったか。「めんどくさいので活動は中止」と言うて、いったんアソシエイツを作るのを休止しております。

佐高 この批判は在阪メディアもやったの？

西谷 いや、立民の蓮舫さんがやりました。その蓮舫さんの口を借りて書いているという感じで、在阪メディアがずばっと言ったわけではなかったと思います。今は逃げていますが、完全にやめたわけじゃないと思うので、批判の力が薄まったらまたアソシエイツを復活させるかもしれません。

佐高 けっこう攻めやすくて攻められていないのが松井だよね。松井の行状は案外書かれていないじゃない。

西谷 そうですね。

佐高 毎日放送（MBS）を脅かしているというけど、もっとひどいのがあるはずでしょう。

西谷 松井は、恥ずかしいのが多いですよね。「雨ガッパ松井」とか。コロナで医療がひっ迫していたときに、医療用の防護服の代わりに雨ガッパをくださいと市民に呼びかけました。けっこう集まったんですよ。33万枚も。病院に配ったけど、それでも大量に余って、大阪市役所が雨ガッパだらけになった。玄関ホールに雨ガッパを積んでいたんですが、さすがにみっともないし、雨ガッパは燃えやすいから消防法に抵触するんですよ。だから倉庫に隠したんですが、その保管費は税金。最後は絶対に焼却処分になるから、それも税金ですわ。カッパを集めるだけ集めて、松井は市長を退任しました。

佐高　スキャンダルとかは、松井はないの？

西谷　松井については、昔「松井一郎大阪府知事　裏口入学を告発する！」という記事が『週刊文春』で出たわけですよ。松井は高校のときにある程度やんちゃしていたそうです。自分でもやんちゃしたと言っていますしね。大阪の高校におられなくなって、退学となった。それで、笹川良一が理事長をやっている福岡工業大学附属高等学校に編入しました。

佐高　さっき話があったように、笹川良一の運転手が松井の親父だったから、その縁なんだね。もう一度言うけど、笹川良一というのは、統一教会で反共。

西谷　はい。統一教会・勝共連合を作った、A級戦犯容疑者です。松井は、その人が理事長をしている福岡の高校に口利きで入った。このときに、テスト問題を事前に見せられて、それでもわからないから、答えを丸暗記したんです。解答だけ覚えて受けなさいと言われて。だから、裏口入学です。

佐高　完全にアウトでしょう。

西谷　アウトですよ。そういうことで高校に入学して、そこの大学を卒業して、大阪に戻ってきた。YouTubeの動画でも、「【維新の闇！】大阪市長・松井一郎の経歴を調べたらヤバかった！」というのが上がったんですが、これを見た水道橋博士が「下調べが凄いですね」と、これはようがんばっていますねというツイートをしたんです。そうしたら、松井は水道橋さんに嚙みついた。水道橋さんを告訴します、またこのツイートをリツイートした人たちに対しても訴えます、と。

佐高　『週刊文春』とかには一切しないんだね。

西谷　しない。記事を書いた『週刊文春』とか、動画を上げたのは金子吉友さんという人なんだから、その人を告訴したらいいのに。なぜ水道橋博士を告訴したかというと、「有名人だから」と。スラップ裁判になりました。

佐高　一番大きい怖いものには向かわないんだよね。

西谷　そうなんです。

会計責任者の不在

西谷　また、松井に関しては、「あんたの会計責任者はだれか」という問題があります。これは何かというと、政治資金収支報告書を政治家は毎年出さなあかんのですが、松井の会計責任者は、すでに辞めた人になっているんです。「松心会」という政治団体があって、この松心会の会計責任者・Aさんとしますが、このAさんは、松井の父・良夫の会計係だったんです。良夫は自民党の府議会議員だった。だから、松井一郎は二世議員なんです。

佐高　親父は笹川良一の運転手で、会社経営者で、さらに政治家だったわけだ。

西谷　松井良夫は八尾の自民党やったわけです。Aさんはお父さんの政策とか自民党が好きなので、会計責任者を担っていた。その後、松井一郎に代替わりして、Aさんは自民党時代の松井一郎府議会議員の会計責任者をやっていました。しかし、松井は、橋下と一緒に自民党から離れて維新をつくった。

Aさんは、自民党でないなら会計責任者を辞めますと言うて、退いたんです。おそらく2010年ぐらいです。それなら会計責任者はだれか違う人にせなあかんじゃないですか。それなのに、ずっとAさん。

佐高　辞めたのに、そのまま？

西谷　そのままずっと会計責任者はAさんの名前で、Aさんのはんこを押していたわけです。虚偽じゃないですか。会計責任者は、例えば維新に鞍替えしたのなら維新の人がならないといかんのに。Aさんにしたら迷惑な話ですよ。自分の名前を勝手に使われて、政治資金収支報告書というのはだれでも閲覧できるから、例えば松井が変なことをしていたら、会計責任者のAさんの責任になっちゃうわけですよ。Aさんが知らないままに。

佐高　これはひどいね。何度も聞くけど、報道はされた？

西谷　これは『赤旗』に出て、テレビで報道も1回されています。

　神戸学院大学の上脇博之先生と対談したときに、何でこんなんほっといたんやろうか、という話になったんです。上脇先生がおっしゃるには、責任者の名前は自分でもいいわけですよ。松井が会計責任者でもいいわけ。あるいは、維新の中の子分にやらせる。それをしなかったということは、会計責任者のはんこを押せないような、危ないことをしてたんじゃないかと。要は、隠したいことがあったんちゃうかと。

佐高　今話を聞いていて思い出したんだけど、安倍晋三が第1次安倍内閣のとき、胃腸の持病で辞任しているでしょう。2007年9月26日に。あのとき辞めたのは、持病のせいではないと思うんだよ。

西谷　え、何でですか。

佐高　安倍晋太郎の後援会があって、その後援会の組織をまるごと晋三が引き受けたわけ。そのときに、3億円脱税したんだよ。『週刊現代』がでかでかと書いたわけよ。

西谷　そうやったんですか。

佐高　9月15日発売の『週刊現代』で記事が出るとわかって、腹が痛くなったんだ。それを、毎日新聞が週刊誌の報道で辞めたという説もあると、追い込んだ。ところが、それからすぐに辞めたから追及はなく、そのままになっちゃった。

西谷　辞めたもん勝ちですか。

佐高　それから7年ぐらいたってかな。当時の社民党の党首の吉田忠智がこの件を国会で追及したわけ。そうしたら安倍は激怒した。そのときには、安倍が返り咲いていたわけだ。

西谷　激怒したんだ。「あなたは私をおとしめるんですか」と、印象操作ですとあの調子でやったのね。

佐高　やった。そのとき、私は吉田に対するコーチが行き届いていなかったので、吉田も私に相談しなかった。そういうときは、開き直ればいいわけですよ。週刊誌だって訴えられる危険性がありながら書いているわけだから。そんなことは問題じゃないでしょうと。

西谷　事実かどうか、「はい」か「いいえ」で答えてください、と。

佐高　それで吉田がひるんじゃったんだ。

西谷　あの人血相を変えて怒るからね。

佐高　そう、血相を変えて怒る。「それは問題ですよ」とか言って。

西谷　安倍のほうが問題やのにね。

佐高　つまり、世襲というのは、後援会もまるごと世襲するということなんです。看板と金が密接に絡んでいるわけだよ。

西谷　政治資金は税金がかからへんからね。安倍晋三の金も、みんなアッキー（昭恵夫人）に行ったという話でしょう。

佐高　ちょっと脱線してしまったけれど、その松井の会計責任者の名前をAさんのままにしていたというのは、何かあったのかもしれないね。

西谷　ばれへんと思ってんねやろうね。だって、山ほどある資料のうちの1つやから。そんなのチェックする人はなかなかいませんからね。

「人気者」吉村洋文の実態

佐高　おばちゃんに大人気の吉村洋文に行きましょうか。

西谷　吉村は、よくブーメランを投げますわ。ビッグモーターが街路樹を枯らせていたのはご存じでしょう。景観が悪いからといって、薬をまいていましたよね。このときに、吉村はまたブーメランを投げました。「街路樹は公共物です」とツイートしたんですが、彼は1万本以上の大阪府の木を切っているんですよ。大阪城公園とか、街路樹とか。

佐高　自分のしたことを忘れているの？

西谷　忘れてるんちゃうかな。ビッグモーターは叩きどきやと思ったんやろうね。ビッグモーターを叩いて正義感を演出すれば、また「吉村さんさすが」と言われると思ったんでしょうけれども、この人ほど木を切った人はいませんよ。

佐高　私ももう79歳だから、時々忘れることはあるよ。でも、これは完全にもうろくだね。もうろく吉村。

西谷　ブーメラン投げまくりなんです。おそらく近いうちにまた投げますから。
佐高　月給もらったのも忘れてたからね。
西谷　そう、吉村は、文書交通費で大見得を切りましたね。
　２０２１年の衆院選のときでした。投開票日が７日早まって、10月31日になったんです。すると、10月分はその１日しか議員でないのに、当選した新人たちは１００万円満額をもらった。これはおかしいんちゃうかとニュースになりましたね。
佐高　けっこう問題になったよね。
西谷　そのとき、吉村はＴｗｉｔｔｅｒでこうつぶやいたわけですよ。
「10月分、１００万の札束、満額支給らしい。領収書不要。非課税。これが国会の常識。おかしいよ。」
　俺らは身を切る改革をやっているぞ、俺らは潔癖だぞとアピールしたんですが、実はこの人も衆議院議員だったんですよ。２０１５年の10月１日で辞めたわけです。
　解説しますと、２０１５年に大阪都構想の住民投票がありました。橋下が飛ぶ鳥を落とす勢いで大阪都構想賛成が勝つんちゃうかと言われていたんですが、幅広い市民運動があって、反対派が69万対70万でぎりぎり勝った。このときに、橋下は負けたので、俺は潔く引退すると言って市長を辞めると言った。ついては、次の後継者の市長は吉村だと、9月26日に記者会見で発表したわけです。それを受けて、吉村は衆議院議員を辞めて、大阪市長選挙に出ると言ったんです。それだったら9月26日で辞めろよ、という話なんですが、10月1日までわざわざ引っ張ってから辞めているんですよ。

佐高 その1日、これが引っ掛かるわけね。

西谷 はい。この1日で100万円丸々もらって辞めているんです。

佐高 詐欺罪だね。

西谷 こっちのほうが罪深いでしょう。31日に開票日となった衆院選は前々から決まっていて、しかも当選した人が決めたわけではなく、岸田首相が1週間早めたのでこうなっただけ。しかし、吉村はわざと4日引き延ばして月が変わってから。

佐高 そのことはだれも追及しないの？

西谷 『LITERA』とか、『日刊ゲンダイ』は追及しました。大手メディアや在阪メディアは追及しませんでした。だから、これを知らない人は多いですよ。何となく吉村は潔白だと思っているのかもしれません。

吉村が市長選挙に出ると決めた数日後の10月6日、「ニコニコ生放送」の特番で、橋下・松井・吉村で鼎談をしているんです。このときに、これを橋下が突っ込んでいるんですよ。１日で１００万もらったじゃないか、と。そのとき吉村は、「ちょっと内緒にしてくださいよ。あれは第2の財布ですから」と、笑いながら橋下、松井に答えている。だから、完全に本人はわかっている。

佐高　確信犯なんだ。

西谷　冗談めかしてね。おそらくこれは口が滑ったんでしょう。

佐高　だったら、それをネタにして在阪メディアはいくらでも突っ込めるじゃない。

西谷　これはワイドショーネタでおもしろいでしょう。でも、突っ込まない。

佐高　冗談っぽく追及すればいいじゃないね。

西谷　「ちょっと内緒にしてくださいよ（笑）」と証言が残っているんですからね。そういう意味では、在阪メディアは何してるんやということになりますね。

佐高　そういうことがあっても、吉村の人気が陰らないんだから、嫌になるよね。

西谷　本当に嫌になります。吉村は、知事の仕事をしているのかも怪しいですよ。8月6日（2023年）の広島平和記念日。大阪にはまだ被爆者がいっぱいいるんですよ。その日に、関西コレクションに出たんです。京セラドームで開催された、ファッションショーですよ。制服を着て男子高校生になりきって、ポーズを決めていました。ネットに上がってる写真を見るだけで恥ずかしい。こんなことをして、知事の仕事をしていないわけ。在阪メディアではウンザリするほど、ほぼ毎日、朝晩テレビに出ていたんですよ。

佐高　知事の仕事をしていないのもだけど、そもそも知事の仕事が何であるかを理解していない。

西谷　ファッションショーに出ること。

佐高　生稲晃子と変わりないんだよな。

西谷　また、これをなぜテレビは批判しないのかわからんのですが、安倍が昔、吉本新喜劇に出たのはご存じですか。

佐高　何か聞いたことがある。

西谷　吉村も新喜劇に出たんですよ。あとで吉本興業とのつながりについては、カジノ問題で話しますが、吉本のタレント・芸人は、吉村かっこいいと、よく持ち上げますよね。それは、吉本の大﨑洋会長（２０２３年６月末退社）と、ダウンタウンの松本人志と、吉村ががっつり組んでいるからですよ。

トップがそれなら、タレントたち、テレビに出ている人は忖度しますよね。ハイヒールのリンゴなんかは、「吉村さんかっこいいですね、髪の毛切ったんですか」みたいなことを公共放送で平気で言うんです。別にそんなの聞く必要ないやんと思いますけどね。そんな番組が延々と流れていて、大阪の有権者は無意識にそれを見せられているので、何となく維新がんばってるな、というイメージが作られてきたんだと思います。

「ネコババ」代表・馬場伸幸

西谷　そして、「日本維新の会」馬場伸幸代表です。これは有名でしょう。『週刊文春』ががんばりましたね。

佐高　ネコババ代表だよね。

西谷　はい。社会福祉法人「ドレミ福祉会」を乗っ取った。

この福祉法人は堺市にあるんですけれども、馬場は堺市出身の議員なんです。地元の人に聞くと、馬場と福祉法人の理事長はけっこう仲がよかったらしいです。その理事長に認知機能の衰えが出てきたんですが、その衰えを認識しながら、馬場が新理事長になっちゃった。この福祉法人を乗っ取ったんです。

成年後見制度とか普通あるじゃないですか。家庭裁判所とか、あるいはあらかじめ本人が選んだ人（任意後見人）を立てるとか。そういうことをせずに、もの忘れが激しくなったときに一筆書かせている。

「ドレミ福祉会」の名簿に、しっかり「理事長　馬場伸幸」とあります。ここから報酬をもらったらどうなるんでしょうね。それは政治資金収支報告書に書けばいいのかもしれませんけれども、社会福祉法人というのは、行政の手の届かない社会福祉事業を行っているので、税金なんかも優遇されている。その代わり、高潔な会計報告もしなければならないし、こういう場合は後見人を立てないといけないわけですから。

この法人はものすごい資産を持っています。12億円か14億円ぐらいある。幼稚園がいっぱいあるから。

佐高　乗っ取ったところが？　馬場にあるわけじゃないのね。しかし、ばばっちいね。

西谷　ほんま、ばばっちい理事長ですね。さらに恥ずかしい人がいて、馬場の子分の藤田文武幹事長と横山英幸市長。彼らが記者会見の囲み取材で、『週刊文春』はもうしょうがないけれども、あなたたち大手メディアはこんなことしないでしょうね？　と。大手メディアが報道すれば法的措置を取ると、的外れな報道圧力をかけました。

佐高　これに対して何も言わないの？

西谷　何も言わない。つまり、スラップ維新なんですよ。自分に弱みがあるときは脅かして黙らせる。スラップ松井、スラップ橋下。

佐高　スラップ佐藤優もいるな。

西谷　スラップ野郎ばっかりですね。それで、ネコババ代表はまだこの件で記者会見してません。

佐高　逃げ回っているんですか。馬場は確か、自民党の中山太郎の秘書だったんでしょう。

西谷　そうですね。

佐高　中山太郎というのは、自民党の中では珍しく、改憲に対して慎重な姿勢で進めなきゃならないと言っていた人だったんだよ。

西谷　はい。

佐高　もともと医者で、外務大臣もやってね。だから、弟子どもが面汚しをしているんだね。また、馬場は統一教会とべったりでしょう。それがあまり書かれていないよね。

西谷　そうですね。自民党は統一教会にもう汚染されきっていますけど、維新もすごく汚染されていて。まあ松井の子分ですからね。

佐高　そうそう。

西谷　山田太郎が不倫・買春で辞めたじゃないですか。このとき馬場は記者会見で何と言ったか。有能な人だから、職務を継続してもいいと思う、と言っているんですよ。

佐高　そっちのほうに有能なんだろう？

西谷　そっちのほうに（笑）。馬場は、「昔と違って政治家は聖人君子を求められる時代になった」というようなことを言っている。

佐高　それで通って来てるんだね。

西谷　有権者もちょっとばかにされているというかね。こういう人が楽々と当選して、こんなことを言っている。

維新の会は似てますよね。まず橋下が「従軍慰安婦は必要だった」と言いますし、維新の議員は女性問題のスキャンダルも多い。だから、買春なんか問題ないと本気で言っているんですよ。

あと、馬場はとにかくお金の問題がひどい。村上ファンドの村上世彰から上限を超える献金をもらっています。日本維新の会に個人で2千万献金しているんですよ。政党への献金は、上限が2千万までなんです。

ところが、それと同じ年に、馬場代表の政党支部にも150万献金をしている。政党支部への献金上限は150万まで。だから、村上は合計が上限を超える2150万の寄付になったので、法律的にアウトなんです。そのアウトの金を馬場はがっぽり取っていると。維新の会の代表として2千万を取りながら、堺市の代表として150万をもらっている。だから、山ほどお金が入っているということなんですけどね。

佐高　村上は1回捕まっているからね。

西谷　そうなんですよ。村上は1回捕まっているから、もしまた捕まったら、2回目はちょっと刑は重くなりますよね。

上脇先生がおっしゃるには、1人で2150万も献金するというのは、何らかの見返りを期待しないとしませんよと。

佐高　なるほど。

西谷　もちろん、ただ単に維新が好きでお金を払った可能性もありますが。うなるほどお金があるんでしょうね。

　ということで、2千万超という、すごいお金なんですけど、政党交付金というのが支給されるじゃないですか。残念ながら、維新は国会議員が増えたので、これをたんまりもらっています。政策活動費という名目で渡されると、その後何に使ったかわからんわけですよ。つまり、維新の会から馬場伸幸に2億円近いお金が行っているんですよ。何に使ったかわからん金がですよ。

佐高　わかんないね。

西谷　親分の松井は、「政党の幹部は飲み食いさせなあかんから、明らかな金ばっかりでは回っていかへんのや」ということを言うてますわ。馬場はお酒の席が好きみたいで、おそらくそれでかなりの子分を増やしたのではないかなと思います。

「うそ」が得意の中条きよし

佐高　維新は本当に、大なり小なり問題ばっかり起こしている。

西谷　そのせいで、「維新ワースト10」が短期間で入れ替わります。こんなにやらかしの更新が多いのは驚きますね。

佐高　西谷さんがピックアップしたワースト案件を紹介していただきましょうか。橋下・松井・吉村・馬場はさっきやったので、それ以外で。

西谷　では、個人のスキャンダルから行きましょう。まずは、中条きよし。この人は、2022年7月に維新の参議院議員になりました。11月に参議院文教科学委員会で質問したんですが、何を質問するのかなと思ったら、自分の新曲が出ているので、お聞きになりたい方はお買い上げくださいと宣伝した。まさかの新曲PRですよ。

佐高　私は、中条きよしという人が一番維新を表していると思う。

西谷　歌手時代、「うそ」で大ヒットした人ですからね。

佐高　「うそ」もそうだし、国会議員になるというのが自己表現というか、自己アピールでしょう。元東京都知事の猪瀬直樹もそうだけど、中条きよしは維新にぴったり。

西谷　国会を通じて曲を売り出すというのもぴったり。このスピリッツはすごい。国会を自分の宣伝の場にして、曲だけじゃなく、ディナーショーがありますから、みなさん来てくださいとも言ったんですよ。

佐高　これはさすがに注意を受けたでしょう。

西谷　はい。国会はそんな場じゃないと。まるで小学生に言うように。

佐高　「折れたたばこの吸いがらで、あなたの嘘がわかるのよ」だっけ。

西谷　僕、小さいときに「うそ」を聴いて、「何で折れたたばこの吸いがらでうそがわかるの？」と、おかんに聞いたことがあったんですよ。意味がわからなくって。おかんは「いや、急いではんねん。次行かなあかんから、急いでまだ残っているたばこを消したんや」と。そのときは何を急いでいるのかわからなかった。今はよくわかりますけれども(笑)。

佐高　さすが西谷文和のおかんだね。

西谷　さらに、まだあって。中条は、この翌年1月に、年金未納報道がでた。最初は、「私は〝うそ〟をつかないから大丈夫。歌だけです。逃げも隠れもしません」

と言っていたのに、結局認めた。313万も未納していて、うそをついていたわけですよ。

佐高 存在がうそという。

西谷 存在がうそですね。国会議員は、国民に税金払ってくれと言わないかん立場です。

佐高 中条きよしの年金分だけ国民は払わないとか、そうできたらいいね。

【注】 この対談後、24年5月に中条きよしがまたやらかした。『週刊ポスト』によると、1千万もの大金を、知人に金利60％で貸していたとのこと。お前は「ミナミの帝王」か！

高利貸しと言えば、吉村がサラ金武富士、橋下がアイフルの子会社の弁護をしていた。日本維新の会は「日本高利貸しの会」と名称変更すべきだ。報道を受けて中条は「金利欄は空欄だ」と会見したが、「空欄のほうが怖いやないの」「親族でもない単なる友人に1千万は貸さないぞ」と、ツッコミどころ満載だった。実際に中条はこの報道の直後に資産等報告書を「貸付金0」から「1千万」に変更している。ちなみにこの貸付を「業として」行っていれば、出資法違反、利息制限法違反である。それにしてもあの武富士でさえ、年利40％だった。60％は守銭奴レベル。必殺仕事人に針で刺してもらわねばならない。

追加情報だが、その前月には「中条きよし、カラオケ大会でおひねり要求」の記事が出た。結婚式場のカラオケ大会でマイクを渡されると「タダでは歌わない。茶色で、3枚から5枚はいただかないと」と、参加者におひねりを要求し、青（1千円）ではなく茶（1万円）を数枚もらったあとポケットに入れた。5枚以上なら収支報告書に書かねばならない。「カラオケ大会でおひねり」（笑）と書かないと不記載になる。

ちなみに年金未納問題では「もらう気ないから払わない」と述べた。国民皆保険、皆年金の趣旨は「世代を越えて支え合う」。つまり働く現役世代が高齢者世代を支えるための義務として成り立っている。「もらう気ないから払わない」。法の趣旨も理解していない、恥ずべき人物が国会議員になっているのだ。

ストーカー・不適切発言

西谷　次に行きましょう。これは有名だから、東京の方もご存じかなと思うんですけれども、笹川理（おさむ）です。維新の大阪府議会議員の団長だった人ですが、同じく維新の市会議員の宮脇希にストーカー行為をしました。深夜に、彼女の自宅に行ってピンポンを鳴らしたくらいですから、とんでもないです。笹川は府議会議員で、宮脇は市会議員ですから、部下にあたります。笹川は妻子ある身ですが、この人に恋をしちゃったんだと思います。

２０１５年の９月、宮脇は東大阪市議選の手伝いをしていたんですが、その帰りに、「自宅までおれが送るわ」と笹川から言われて、危険を感じたんでしょうね。別の維新の人の車に乗って帰ったんですよ。そのときのＬＩＮＥのやりとりが出ています。

深夜の23時ごろからＬＩＮＥで、「こいや」「ふざけんなや」「こっちこいや」「おれ、あの場でめっちゃかっこわるいやん」「なんで送ったらあかんの？」「できてるん?」と。「できてるん?」というのは、別の維新議員の車に乗って帰っちゃったから、俺ではなくそいつとできているのか?　ということだと思いますわ。他にも、「おまえ、ほんまになんなん?」「どういうつもり?」とか。

佐高　「おまえ、ほんまになんなん?」というのは、笹川に言いたい台詞だよね。

西谷　ほんまですよ。笹川のLINEは、23時25分、26分、28分、29分と、それからずっと連投しているわけですよ。これは怖かったと思います。

佐高　今はどうなっているの?

西谷　維新からは除名されましたが、議員辞職はしていません。何でこれがばれたかというと、『週刊文春』です。23年5月に『週刊文春』が報道して、ストーカー行為がばれました。当初、維新の反応は鈍かったのですが、世論に押されて除名に至る。

『週刊文春』に出ていますけど、LINEで、「希が『一回えっちさせたる』って言われてそうなったら、それでこの関係はお終いになると思う。希がおれといるのが煩わしいって思うなら、そうしてくれれば」なんて言っている。これは、完全に肉体関係を迫っています。「一回えっちさせたる」というのはすごいでしょう。

佐高　これを、相手に言っているの？

西谷　そうです。「お前とそんな関係になったら、このストーカー行為は終わるかもしれない」みたいなことを言っている。

佐高　ひどい脅しだね。しかし、最初維新が笹川の追及をためらったというのは、笹川を除名したら、他の維新議員もみんな除名しなきゃならないからでしょう。そういう体質だということが、わかっているんだよね。

西谷　もうセクハラ、パワハラの嵐ですからね。こういう人が議員団長だったという。

佐高　しかし、女性は維新に入ってはいけないね。

西谷　維新の名前で当選したら、強く反抗できませんしね。海老沢だって猪瀬に触られているのに、最初は触られていませんと言っていましたから。

佐高　維新の議員を維新しなきゃ駄目。

西谷　この人らが私たちの税金で議員になって、セクハラやパワハラを繰り返しているということですからね。大阪府民ももうちょっと考えないといけない。

佐高　これはもっと追跡取材がほしいね。

西谷　ほしいですね。今どうしているのか。一応除名なので、無所属で議員を続けてます。宮脇議員の性被害届が受理されているので、本来なら恥ずかしくて出てこれないと思うのですが。

佐高　でも、ストーカー行為というのはそう簡単に止まらないというけれども。

西谷　いやしかし、さすがにここまでこうなったら、宮脇のことはあきらめていると思いますけどね。

佐高　それは甘いかもしれない。

西谷　それと、この人は奥さんと子どもさんがいるので、奥さん、子どもさんも居心地悪いでしょうね。維新という名前だけで議員になってしまうという、大阪に問題があるのかなとは思うんですけれども。

この人も、維新というだけで議員になった、福岡県飯塚市議の藤間隆太。35歳、1期目、初々しい新人ですが、さっそく不適切発言がありました。佐高さん覚えていますか。この人が何を言ったのか。

佐高　思い出したくない。想像したくない話でしょう。

西谷　そのとおりです。この人は、男女共同参画を啓発する議会の中で、男女共同参画を進めるために、動画をＹｏｕＴｕｂｅに出そうと提案した。そのときに、「真面目にＰＲしても、再生数は２００回、３００回くらい」だということで、傍聴席にいた57歳の女性の市議会議員に対して、「あなたがセーラー服を着てしゃべれば３０００、５０００回行くんじゃないか。再生数を稼ぐために効果的だ」と言った。

佐高　この相手は維新の人ではないでしょう。

西谷　ないと思います。女性の普通の市議会議員で、傍聴席で聞いていた人ですから。57歳の年配の女性にセーラー服を着て出ろ、というのはいじめに近いというか、ばかにしているというか。

佐高　でも、橋下徹もコスプレが大好きだし、そういうのを、見事に維新は受け継いでいるよね。

西谷　維新スピリッツです。そういう意味では、維新ワールドやなと思いましたが、これは大阪じゃなくて、福岡ですからね。えらい遠くまで飛び火している。

梅村みずほのやらかし

西谷　そして、最初のワースト10で堂々1位になった、成松の親分、梅村みずほ。この人は絶対に取り上げなければなりません。秘書も秘書なら、議員も議員ですね。この人はみなさんご存じだと思います。2021年に、名古屋の出入国在留管理局で亡くなったウィシュマさんの事件。2023年5月に「出入国管理及び難民認定法改正案」の審議があったんですが、この国会の質問でウィシュマさんに対して、「ハンガー・ストライキによる体調不良で亡くなったのかもしれない」と発言した。これはとんでもない発言ですよ。助けを求めながら亡くなっているので、殺されたに等しいでしょう。そういうことをちゃんと取材もしないで、被害者の声も聞かないでこんなことを言う。
　批判が起こって追及されても「どこがデマなのか。根拠はある」と開き直りました。こういうやり方も維新ですよ。

佐高　全然反省がないんだね。

西谷　涙を流していましたが、反省はしていない。涙はきっと、自分が党員資格が停止になったからちゃうかな。追及されたのもショックだったかもしれませんが、議員が憶測で質問するなよという話ですよね。

佐高　彼女は元タレント？

西谷　元アナウンサーですよ。上手にしゃべるからということで出てきたんだと思います。

佐高　ああそう。全然上手にしゃべれていないのが露見してしまったね。だいたい、アナウンサーというのは、自分の意見はないんだよね。

西谷　持っている人もいるし、まともな人もいるんだろうけれども、アナウンス業界というのは、キャリアの先が見えているんですよね。将来どうするかを考えたとき、議員になったら、ガポガポお金が入ってくる、と思ったんでしょうね。

佐高　この人の処分は？

西谷　六か月の党員資格停止と、参議院の法務委員はクビになりました。けれども、議員は辞めていません。

佐高　これまでいろいろ問題があがったけど、みんな辞めていないよね。

西谷　だって、丸山穂高だって辞任させなかったからNHK党に行ってしまった。議員を辞めさせるということは、維新はほぼやりませんね。ようやって除名ですわ。

佐高　成松のことも守っているんだから、説得力があるね。

西谷　そうですね。しかし、梅村は議員辞職させるべきやと思いますよ。ウィシュマさんの遺族がそれは怒りますよね。人として絶対に許せないことをやったということを、自覚してほしいと思います。

この方はほかにもあって、最初に出したワースト10にも入った、文書交通費問題ですね。梅村みずほだけでなく、藤田文武、足立康史らの維新国会議員。領収書、100万円。これを寄付していた。梅村みずほが梅村みずほに。

佐高　梅村みずほはちょっといろいろありすぎでしょう。成松圭太なんて人間をそばに置くことからしておかしい。

西谷　ほんまに、いろいろありすぎますわ、梅村は。彼女はこの問題が明るみになったときにブログを書いています。何を言っているかというと、文書交通費は1回もらっちゃうと、余っても国庫に返せないんですと。だから、仕方がないので自分に寄付して活かさせてもろうているんですと言ったんですよ。

佐高　何も理由になっていないよね。

西谷　理由になっていないし、本当なのかなと思って上脇先生に聞いたんですよ。ほんなら、「いや、返せますよ」と。いったんもらったお金はプールしておいて、自分が議員を辞めたときに返せるらしいんですよ。もしくは、例えば、梅村みずほは参議院の大阪選挙区から出ているので、それを、例えば福島の被災者にカンパすることもできる。

佐高　なるほど。他の選挙区へということですね。

西谷　はい。自分の選挙区にやると寄付行為になるので、公職選挙法に引っ掛かります。あるいは比例代表の人がやれば駄目ですけど、大阪選挙区なので福島とか他県なら関係ないから、できるはずなんですよ。

佐高　福島の人が、そんな金は要らんと言うかもしれない。みんな、お前からは要らんと。

西谷　言うかもしれませんね（笑）。でも、これを『日刊ゲンダイ』とか『赤旗』で追及されたときに、非常に怒ったんでしょうね。だから、自分の維新の支持者向けに、これは返せないお金なんですと言うてるんですよ。

足立康史も同じことを言うてます。国に返せないんだと。でも、大手メディアが書いたら、こんなの一発でワイドショーネタになって、身を切る改革といっているお前たちが、身を肥やしとるやないかとすぐに言えるんですよ。だから、メディアはもうちょっとしっかりせえという話ですね。

佐高　こういうのは後追いしなきゃ駄目だよな。

「吊れた」音喜多駿

西谷　最近赤丸急上昇、もう圏外からドンと上がってきた人がいます。音喜多駿です。

佐高　音喜多は、もともとは小池百合子の子分だったよね。

西谷　そうそう「都民ファースト」。今は維新。

佐高　まあ小池と維新では大して変わりないもんな。音喜多は何をしたんですか。

西谷　「呆(あき)れた」ことをしたんですよ。自分で動画をYouTubeに上げているんですが、そのダンス動画が何か炎上したようなんですね。その炎上に加担している人間を批判する動画をさらに投稿したんですが、その動画内で、「左派・リベラルの「吊れた」人権意識！」と書いたボードを掲げてしゃべっているんです。「呆れた」と書きたかったんでしょうが、間違って「吊(つ)れた」と。

佐高　これは恥ずかしいね。

西谷　「吊れた」人権意識。これをネットで拡散するわけです。

佐高　一応は国会議員なんでしょう。これは後で訂正していないの？

西谷　後で訂正したんですけどね。動画なので、ずっと出回りました。話題は「吊れて」いるわけですわ。そして、さらにまた「呆れた」ことをするわけです。

何をしたかというと、サウナに行ったんですよ。そこで体重計に乗って、痩せたという証拠の写真を撮って、それをネットに上げた。そうしたら、体重計の文字盤にうっかり局部が映っとった。だから音喜多チンと呼ばれてました。……佐高さんが黙っている（笑）。

佐高　しゃべりたくない。

西谷　だいぶ「吊れ」ているでしょう。

佐高　「吊れ」ているというか、何かね。論外というのはこういうときに使うんだと思いました。問題外です。

西谷　土下座してまで謝りたいと言っていました。

佐高　そういう、土下座という発想が、私はすごい嫌ですね。昔、「土下座をした鈴木宗男の卑屈と傲慢」という文章を書いたことがあるけど。私が鈴木宗男に怒ったのは、選挙のときに土下座したんだよ。

西谷　自民党の議員でも、やる人いますよね。

佐高　そうそう。片山さつきなんかもやるのよ。私は、土下座をする人は、人を土下座させる人間なんだと思っています。すごく人間をばかにしなきゃできないですよ、土下座謝罪というのは。

西谷　そうですよね。だいたい、自分の写真とはいえサウナの更衣室で写真なんか撮りませんよね、普通。そういうリテラシーのかけらもない、「呆れた」人ですね。

次は、議員の資質的な問題です。政治資金収支報告書を2年連続で提出しなかった。大阪府議の橋本和昌、京都府議の上倉淑敬（かみくらきよゆき）と西條利洋、そして京都市議の久保田正紀。

佐高　処分は、されていない？

西谷　橋本大阪府議は注意を受けただけですね。久保田京都市議は政調会長を辞任。上倉京都府議、この人も幹事長だったんですが辞任しましたね。

佐高　幹事長じゃなくて、議員を辞任しないとおかしいよね。

西谷　そう。この3人は2年未提出で、西條府議は3年出さなかったんですね。2年の人は党員資格3か月停止、3年の人は6か月停止と、こういう処分でしたが、別に党員資格を停止されても議員やねんから、何の痛みもないですよ。

佐高　我々が議員資格を停止しなきゃならないよね。

西谷　もっと世論を高めてね。2年連続で出さなかったら、その政治団体は寄付を受けられません。だから維新としても、「お前何してんねん」と叱りつけたのでしょう。

佐高　これはある意味スキャンダルより重い。職務放棄だから。関西の新聞とかには載ったの？

西谷　京都新聞には載っていましたね。大阪は地方紙がありませんから、要は、朝日新聞も毎日新聞も大阪の地方紙が全国紙になって東京に行きましたから、地方新聞がないというのも、維新が増長する1つの原因なんですよ。

公開討論会から逃げ回る現大阪市長

西谷　23年4月の統一選挙のときのことなんですが、横山英幸大阪市長が公開討論会から逃げ回りました。北野妙子さんが有力候補で、横山と事実上の一騎打ちでした。北野さんは、自分がもし市長になれば、カジノを進めるかどうかは住民投票で決めるとおっしゃっていた。住民投票になれば、カジノについては反対が圧勝するでしょう。だから、それが実現していたら、カジノは今ごろ止まっていたんですけれども、残念ながら横山が勝っちゃったので、カジノはまだ動いている。加えて、万博もまだ動いているわけです。

　個人的に、大阪市長選挙こそ天王山だと思ったわけですよ。僕は『路上のラジオ』という番組をやっているので、公開討論会を企画して、2月15日に公開質問状を送りました。カジノについて、北野さんは住民投票で決める。横山は推進する。これについて、3月13日に公開討論会をしましょうと企画しました。横山も北野さんも淀川区選出の議員なので、十三（じゅうそう）の淀川区民ホールを借りて。地元の人にちゃんと自分の考えを披瀝（ひれき）して、有権者の意見も聞いて、有意義な公開討論会にしたいと思いました。3月3日にはがきを送って、北野さんからはすぐ出席の返事が返ってきました。

　はがきを送った後なんですが、電話がかかってきました。「『路上のラジオ』さんですか」と言うから「はい、そうです」と。

「西谷さんですか」「はい、そうです」。「公開討論会をやるそうですね」「はい、やります」。すると、「何でやるの？　何を聞くの？　何でこんなことするの？」と怒り出してきた。「おたくどなたですか」と言ったら、「成松や」と。えっ、成松、どこかで聞いたなと思って。

佐高　殺人未遂の成松圭太？

西谷　そうです。すぐにあの成松圭太から電話かかってきているんや！　とわかって、いろいろやりとりをしました。最終的に、「じゃあ横山さんは欠席ですか」と聞いたんですよ。ここで彼はちょっと考えていましたね。欠席したら具合が悪いかもしれんと思ったのか、「用事があるんや、先約や、先約があるからな」と言うんですよ。「先約って何ですか」と聞いたら、「何でお前に言わなあかんねん」と。でも、僕は司会をせなあかんから、「横山さんはこういう理由で来られませんでしたと言わないとあかんでしょう」と返したら、「とにかく用事があるんじゃ」と言ってガチャンと切れました。

その後、欠席のはがきが返ってきました。「大変申し訳ありませんが、先約により欠席させていただきます」。手書きではなく、ゴム印です。こんなゴム印はあんまり見かけないでしょう。手書きで済むのに、わざわざ作ったんですね。

佐高さん、仮にも大阪市長選挙に立候補しているわけです。公開討論会というのは、有権者の前で自分の政策を披瀝できるチャンスじゃないですか。それなのに逃げるんですよ。僕が企画したものだけではなく、ほかの公開討論会も横山は欠席でしたから。

佐高　全部？

西谷　全部ではないと思います。JC（青年会議所）主催のものは出たと記憶しています。けれども、僕らがやっているような、いわゆる「敵側」と判断したものは欠席なんです。でも、普通、立候補しているのであれば、しっかりとこういう理由で行けませんとメッセージぐらい送ってきたりしませんか？

佐高　その普通の対応を彼らに求めちゃ駄目なんだよね。

西谷　もともとそう思っていましたけれども、僕は手続き的にはしっかり踏んで依頼したので。欠席だったのは、残念でした。

それで、北野妙子さんにインタビューしたのですけれども、今は本当にテレビが駄目なんですよ。大阪市長選挙こそが一大争点だから、テレビの地上波で公開討論会をやったらええやないですか。でも1回もなかったらしいです。

これは東京都知事選のときに宇都宮健児さんもおっしゃっていたのですけれども、今、テレビ討論会がものすごく減っているんですよ。何でやってくれへんのですか？　とテレビ局に聞くと、「視聴率が取れない」と言う。でも、大阪市長選挙でカジノをどうするかとか、横山対北野のガチンコ対決とかだったら、普通は視聴率取れますし、やればやるほどみんな見に来ますし、テレビはようやってくれた、と盛り上がりますよね。

佐高　視聴率を言うんだったら、それこそジャニーズを追及しろってね。ばーんと上がるじゃない。でも、長年黙殺してきたわけでしょう。

西谷　ほんまです。そういうわけで、テレビは理由をつけて大阪市長選挙はやらなかった。さすがに大阪知事選は何回かやりました。でも、知事選においても、吉村がカジノ推進派で、谷口真由美さん、辰巳孝太郎さんが反対派だから、同じようにマイクを回すと2対1になる。それは公平感がないとかいって、あまりやらなかったらしいです。けど、それもおかしい話で、お前らこれまで何回吉村を出してんねんという話になります。

佐高　そうだよ、サラ金の武富士の弁護士をね。

人権侵犯・ヘイトの多い維新

西谷　最後に、杉田水脈（みお）について。おそらく、「えっ何で？　自民党違うのん？」とおっしゃる方がいるかもしれません。この人は、人権侵犯で問題の方です。彼女は2016年に、自身のブログに、「日本国の恥晒し」として、「チマチョゴリやアイヌの民族衣装のコスプレおばさんまで登場」と投稿しました。「完全に品格に問題があります」とまで書いた。めちゃくちゃなことを言っていますよね。これ、もとはスイスの、国連のジュネーブで発言したんですよ。

佐高　それは、国辱だね。

西谷　国辱です。ジュネーブで国連女性差別撤廃委員会の会合がありました。この委員会は、少数民族とか女性の権利を守ろうという会で、そのなかで日本審査会というのがあったわけですよ。これは7年振りの日本審査で、２００９年の委員会の勧告を経て、日本はどれだけ女性や少数民族の権利を守っているか、というのが問われる場です。そこへ、在日の方々がチマチョゴリを、アイヌの方々も民族衣装を着て出向いた。そのときに、たまたまこの杉田水脈が来とったんですよ。なぜ来ていたと思います？

佐高　知らない。

西谷　このときはＮＧＯの代表として来ているんです。ＮＧＯが来る集会ですからね。

佐高　ＮＧＯじゃなくて、ＮＧの間違い。

西谷　ＮＧ（笑）。これがどんなＮＧＯかというと、「従軍慰安婦はなかった。南京大虐殺はうそだった」ということを言いに来たわけですよ。スイスのジュネーブまで、わざわざヘイトスピーチをしに来たんです。何も知らない外国の人なら、それを事実と信じるかもしれないじゃないですか。

だから、国連の審査員をだまそうと思ってスイスまで来たときに、たまたま在日の人やアイヌの方々と鉢合わせしたわけ。それで、その日の晩にブログで、「コスプレおばさんまで登場」と書いた。

これが自民党の比例代表1位の杉田水脈です。

自民党だから、維新じゃないやないかと思われる方がいるとは思いますけど、実は杉田水脈という人は、日本維新の会から鞍替えして自民党に来た人なんですよ。もともと維新の人なんです。

佐高　維新から自民党ね。

西谷　経歴を見ると、みんなの党から維新に行って、次世代の党に行ってと、転々としているけれども、維新の比例で当選しているんですよ。

そういうことで、この人権侵犯問題で、杉田水脈は、ずっと逃げ回っているわけですよ。しかし、2023年になって、YouTubeで発言したんです。

佐高　何年も引っ張ったわけだ。

西谷　そうです、びっくりしますよね。記者から逃げ回って記者会見しない癖に、自分のＹｏｕＴｕｂｅでこんなことを言ったんです。読みあげますね。
「みなさんこんにちは、衆議院議員の杉田水脈です。今、マスコミでいろいろと騒がれていますが、私はアイヌや在日の方々に対する差別はあってはならないと思っています。ＬＧＢＴや女性に対する差別も当然です。しかし、逆差別、エセ、そしてそれに伴う利権、差別を利用して、日本をおとしめる人たちがいます。差別がなくなっては困る人たちと戦ってきました。私は、差別をしていません。その点をご理解いただけると大変うれしいです。これからも、日本のためにしっかりとぶれずに政治活動をがんばってまいります。どうぞよろしくお願いいたします」
「私は差別をしていません」と言いますが、これは差別をしていませんか？

佐高　差別の意味をわかっていないね。

西谷　わかっていないし、記者会見もせずに記者から逃げ回っていて、ＹｏｕＴｕｂｅで一方的にヘイトの言い訳をするという。

佐高　それが蔓延しているわね。岸田の側近の木原誠二も、記者会見でしゃべれないでしょう。公で話せない人たちが議員をやっているということだよね。

西谷　そうですね。これはやっぱり安倍晋三という人の影響が非常に大きいと思います。安倍が杉田水脈を引っ張り上げているんですよ。２０１７年の中国ブロック比例代表1位ですから。衆議院は政党名投票なので、自民党と書かれたことで当選している。有権者は杉田水脈の名前を書いていないわけです。

佐高　この杉田が維新出身というのは、覚えておかなければならない。自民党よりも維新のほうが差別というか、ヘイトが激しいね。

西谷　だから、自民党の中で最も差別意識が激しかった安倍と、松井・橋下とが一番近しいわけ。

佐高　そして、統一教会と近いということだよね。もともと自民党というのは、自由民権運動を推進した側と、自由民権運動を取り締まれというのが一緒になっちゃったんだよ。

西谷　自由民主党ですからね。だから、岸信介みたいな人もおれば、石橋湛山みたいな人もいた。

佐高　『サンデー毎日』で「石橋湛山と田中角栄」というのを書いたんだけど。湛山から田中角栄の流れというのは、自由とか異論とか批判とかを大事にするんだよ。

西谷　軽武装で、経済重視ですよね。

佐高　そうそう、国民の暮らし大事ね。しかし、今は暮らしはどうでもいい。

西谷　暮らしはどうでもいい、武器を買えと。

佐高　差別せよというのが信条みたいなのがあっちだよね。

西谷　ここまで開き直れることに驚きますが、自分は悪いことをしていないと本気で思っているんでしょうね。

佐高　思っているでしょう。

西谷　こういう差別をする杉田が衆議院議員で政務官をやっていたわけです。本来は、子どもたちに差別してはいけないよと言う立場の人ですからね。

佐高　杉田が統一教会とどのくらい関係があったかは知らないけれども、よく私が一生懸命言っているのは、自民党の外に統一教会があるんじゃないということです。すでに中に組み込まれている。

西谷　差別意識が入り込んでいて、差別していると気づいていないわけです。マスコミでは自民党と言われていますが、「元維新の」と言うてほしいですね。

佐高 だから、たくさんそういう人たちを並べたらいいね。丸山穂高とかね。

西谷 そうですね。丸山穂高はそのうちの1人だった。

佐高 維新でも務まらなかったけどね。

粗製乱造「維新・スキャンダル・政治塾」

佐高 こんなに問題を起こす人が多いのは頭が痛いけど。そもそも、維新に行くという選択をすることからして問題だからね。

西谷 そうなんですよ。なぜこうなるか。この背景には、間違いなく「維新政治塾」があります。粗製乱造ですわ。3か月3万円の受講料で、維新の政治塾というのを募集しているわけ。2012年からやっています。杉田水脈も、この政治塾に入って、維新に転向しました。

この政治塾、たいてい、4月から6月の間にやっています。去年(2023年)、統一地方選挙があったじゃないですか。

佐高　はい。

西谷　選挙の前年ぐらいに維新政治塾をやって、政治家になりたい人を集めているわけですよ。その中から市議会や府議会の候補を決めていく。ちょっとかわいい女の子とか、弁舌が上手なやつとかを議員候補にして、当選させているわけですよ。

そういうことで維新の政治塾に応募する人はたくさんいて、維新も賢くて、イメージのいい若い子を拾ってきて議員に出します。また、大阪のおっちゃんおばちゃんたちが、「この子かわいいな」みたいな感覚で入れるんですよ。

佐高　これ、小池百合子も同じことをやったよね。「希望の塾」だっけ。

西谷　ありましたね。それと同じことをやっているんですよ。

こういう政治塾から出ている人たちが根本的に駄目なのは、要は、市会議員とか県会議員を就職先やと思っていることなんです。4年に1回の選挙に通ったら、大阪やったら年収が1千何百万になる。加えて政務調査費ももらえるじゃないですか。だから、これはね、就職活動ですよ。選挙のときだけがんばって、あることないことしゃべるやつが通ってしまうわけ。

佐高　なるほど。吉村を筆頭に。

西谷　そうです。こうやって粗製乱造するから、維新の幹部は、選挙が終わったときに、マスコミに対して、それぞれの議員にはインタビューをするなって言うんです。インタビューは維新の幹部である我々にしてくれ、と。つまり、粗製乱造の兄ちゃん姉ちゃんたちが、何を言うかわからんからですね。

だから、松井とか吉村が、俺らに聞けって言うんですよ。

佐高　そんなの、ロボットじゃない？

西谷　そう。それも税金食い虫のロボットですよ。

佐高　ただの操り人形。

西谷　それで、何か不祥事がありますと、松井、吉村、横山あたりは、大体同じことを言うんです。ちゃんと専門家に入ってもらってハラスメントの対策してますとか、あらかじめ相談して言うことを決めていると思う。だから、判で押したように同じ答弁をするんです。維新の議員らに不祥事が多いのは、間違いなくこれです。

佐高　維新政治塾ね。

西谷　はい。

佐高　「政治」にスキャンダルとルビを振ったほうがいい。維新スキャンダル塾って。

西谷　「吊れた」やつもおるからね。「吊れた」政治塾です。

第三章　止まらない大阪万博

開催地「夢洲」はごみの島

佐高　さて、問題になっている大阪万博ですが。これは本当にやるんですか。

西谷　絶対やるとか言うてますからね。でも、しょぼいもんになりますよ。
　まず、この万博開催地、その後のカジノ予定地である「夢洲」。ここがどういう場所なのか。もうご存じの方もいらっしゃると思うんですけれども、まだ知らない人も多いです。

佐高　ひどい場所だよな。

西谷　夢洲はごみで埋め立てた無人島です。1区から4区まであって、1区は生ごみの焼却灰でできているんですよ。2区が万博予定地で、川底の泥とか土砂、ヘドロたっぷりの浚渫(しゅんせつ)土砂でできている。

佐高　軟弱地帯じゃない。ごみの処分場を、わざと夢洲なんて名前にしたわけだ。まあごみ洲とはできないからな。

西谷　ごみよりひどいかもしれないです。川底をさらったものは、いわゆる浚渫土というんですが、１９８０年代、90年代のヘドロを埋めている。だから、１区も２区も３区も有害物質がたっぷり含まれているんです。

佐高　それと、全然固まらないよね。

西谷　固まらない。情報公開の資料では、土砂の成分が、水銀、ＰＣＢ、六価クロム、そして半分は水です。含水率が50％もあるんです。普通に考えて、そんなところに建物を建てたらあかんのですよ。

さらに、３区が未来のカジノ予定地ですけれども、万博とカジノの予定地をボーリング調査したんですが、この情報を大阪市は隠したんですよ。

佐高　都合が悪かったわけだ。

西谷　Ｎ値が５だったんです。Ｎ値とは一体何かというと、63・５キロのハンマーを75センチの高さから自由落下させて、これが30センチ沈むまで何回落としたかという数値。数値が大きいほど頑丈というわけです。それが５ということは、30センチ沈むのに５回しかかからなかった。一般的な家屋を建設する場合、Ｎ値は20以上ないと建ててはいけないんですよ。ビルやマンションなら、50ないとダメ。つまり、夢洲にはカジノビルなんて建たないんです。建てようと思ったら、長さ80メートルの杭を打たなあかんのですよ。この杭は1本いくらすると思います？　1本大体1億円ぐらいするんです。この1億の杭を何十本、何百本と打たないといけない。これはだれが金出すねんと。

佐高　大阪でしょう？

西谷　おそらく地主の大阪市です。カジノビルを建てますよと言っているけれども、こんなところに建てたら大阪市は破産します。こういうところで万博をするということなんです。

関西国際空港も地盤沈下が問題となっていますが、空港を造るためにちゃんとした土で埋めています。そんなところでも沈むんですよ。夢洲はそんなことを考えないで埋めているから、ビルを建てたら傾いて沈むと思います。傾いて沈むと、ルーレットの球が飛び出るかもしれない。これが言いたかっただけですけれども（笑）。でも、本当に建てたら駄目なところなんですよ。

佐高　あなたは「くみ取り万博」とも言っていたな。

西谷　そう、大阪くみ取り万博。これもしっかり調べています。

　万博会場の「夢洲」に今、下水を通していますけど、1日の下水処理能力は8万人分くらいしかないんですよ。吉村は、1日の来場者数を20万人と計算しているんですわ。すると、残り12万人分のうんちは流れへんのですよ。

佐高　トイレが流れないところになんて、行きたくないな。

西谷　さすがに1日20万人も来ないだろうから、彼らもこれでええと思ってやっている。もし来たらどないすんねん、という話です。最悪あふれたら、おそらく、下水を入れる穴を掘っておいて、そこに入っている汚物をバキューム船で持っていくことになるでしょう。

佐高　何か、処理水みたいな話になるね。

西谷　そう、処理水。下水の世界では自家処理と言うんですよ。USJも、来場者がいっぱいになると、そうしているんですわ。

佐高　大阪くみ取り万博か。いろいろと、名称が変化するね。現在、何だっけ。

西谷　今は更地万博、プレハブ万博と言うてます（後に爆発万博とも）。

佐高　海外から来ると言っている国はゼロなんだっけ？

西谷　パビリオン工事はまだゼロですね。各国が自前で建てるタイプAは。だから、日本で建てるタイプXになってます。このタイプXのプレハブを造るのが、大和ハウス。そこと、「コネクティングルーム不倫」の和泉洋人がつながってます。和泉が今、大阪にいます。

佐高　菅義偉の子分の、和泉洋人ね。元首相補佐官。じゃあ菅案件なんだ。

西谷　そうそう。だから、維新はやっぱり菅でしょう。

佐高　安倍・菅だったわな。

西谷　菅が送り込んで、和泉が中で仕切っとる。大阪府の特別顧問として、日本国際博覧会協会にしっかり入ってる。

佐高　和泉は建設か何かの出身だったっけ。

西谷　出身は国土交通省やから。

佐高　建設官僚なんだ。万博協会の理事に、連合（日本労働組合総連合会）会長の芳野友子もなっているんだよな（笑）。

西谷　それと、万博協会の副会長は吉村ですね。さすがに吉村は返上していますが、その報酬が、最高で毎月２００万出ているんですよ。

佐高　そんなに出ているんだ。

西谷　万博協会の事務総長が石毛博行（元独立行政法人日本貿易振興機構理事長）でしょう。石毛以下、役員報酬がだいぶ出ているはずやから、この金はどうなっているのか調べなあかんと思う。

佐高　だれも来なくても、金だけはもらうわけだ。

西谷　そうそう。突っ込みどころがいっぱいある。

佐高　開催はいつだっけ。

西谷　２０２５年４月13日。もう１年切りました。

佐高　本当に間に合うのかね？　夢洲のほかにも候補地があったのに、無理やり持っていったというんでしょう。

西谷　松井がね。例えば70年万博の跡地の吹田千里とか、90年の国際花と緑の博覧会の跡地、鶴見緑地とか。それなのに、夢洲だと。

佐高　それはある種の利権だよね。

西谷　利権です。万博の先にカジノがあるんですよね。ここは密接にかかわっています。２０１４年に先にカジノが決まっていたんですよ。２０１８年に大阪万博の誘致が決まって、当初はカジノが２０２４年、万博が２０２５年で、カジノが先に開業予定やった。ツートップが維新やったから。

佐高　府・市一体というのが裏目に出ていたわけね。

西谷　あのとき、松井が知事で、吉村が市長でした。クロスして交代する前ですわ。

佐高　あれも、ものすごくばかにした話だよな。人として。

西谷　かなりばかにした話です。地方自治法では、１回知事をやって、４年任期で3年半までやって辞めると、もう１回出ても半年の任期になるんですよ。それはなぜかというと、選挙はどうしても現職が強いからです。それが可能だったら、対抗馬の準備が整ってへんうちに辞めて、再度出ると言うたら、何ぼでも勝てますやんか。だから、地方自治法は4年と規定しているんですが、互いに交代するのは規定していない。だから、交代したら4年任期になるんですわ。あれはずるいねん。

佐高　交代してから4年ということか。

西谷　そうです。こちら側は準備が整ってへんのにいきなり辞めて交代したから。残りあと3か月か4か月やったのに、そこからまた4年に延びました。

佐高　そんなズルをするやつらが決めた万博だ。利権で無理に夢洲に持っていったとわかる。

万博以前の大きな負債「夢舞大橋」

西谷　ちょっと補足すると、もともと大阪は、2008年の大阪オリンピックを誘致しようとしていたわけですよ。当時の自民党府政が考えていた。それで、夢洲は選手村にする予定やったんです。そのときに、夢舞大橋という橋を架けて、陸路で行けるようにしていたわけですね。選手が行き来できるような交通量を考えていたので、この夢舞大橋は650億円という超高い金額で作っているんですよ。これはスカイツリーと同じ金額です。何でこんなに高いかというと、大型船が来たら橋が回転するんですよ。回転して大型客船とかタンカーとかが来たら、大阪湾に入れるから、すごいでしょうと言うて建てたんですわ。ところが、できたときはもうバブルが終わって、大型船は1回も来てへん。

佐高 ひどい話だな（笑）。

西谷 この橋を回さないまま置いておくと鉄がさびつくから、年に2回動かします。

佐高 それで大丈夫なの？

西谷 大丈夫にするために回すんですけど、1回動かすのにガソリン代が100万円かかる。全世界から大阪オリンピックに来るから、舞洲は世界の玄関になるだろう。ここにごみ処理と下水の施設を建てる必要があったのですが、世界に向けてふさわしいものにしようと言うて、オーストリアの設計士（フリーデンスライヒ・フンデルトヴァッサー氏）を招いて、派手なやつを作った。異国風の建物で、だれも下水処理場とは思わない、テーマパークみたいなやつ。USJからすぐ近くだから、ここがUSJやと勘違いして来る人もいるし、ラブホテルと間違えて来る人もいるくらい。その下水の施設に。これももうとんでもないお金をかけて作った。煙突1本80億円。

佐高　それも大阪府？　市？　橋下・松井時代？

西谷　これは橋下・松井の前の時代です。それで大阪は、「海にオリンピックを浮かべたい」ということで立候補して、北京と争ったんですが、大阪はわずか６票で最下位。北京が勝って、北京オリンピックになったんです。

それでその後、橋下・松井は、夢洲は負の遺産だから、この負の遺産をマイナスからプラスにしようと、カジノに目をつけました。

大阪万博は「飲み会」で決まった？

西谷　その後、何で大阪万博が決まったのかという話をします。安倍晋三、菅義偉、松井一郎、橋下徹で、２０１３年、14年ぐらいの蜜月時代に、盆暮れで飲み会をしていたんです。安倍・菅は憲法９条を変えたい。維新は協力するけど、その代わりに大阪にカジノを持ってきたい。しかし、カジノだけではインパクトがないので万博をしましょうとなった。松井が安倍のおちょこに酒を注ぎまくって、安倍がＯＫして、万博をすることになったという話です。それを橋下が暴露しているんですよ。

佐高　言っちゃっているんだ。

西谷　報知新聞に書いてありました。『スポーツ報知』だったかな。橋下が調子に乗って言うてましたわ。俺らが安倍総理を説得して決めたんやと。当時は万博イケイケムードでしたから。こんなことを、たった4人で決めた。これを僕は関西のラジオ番組で言ったんですが、そんな酒を飲んだだけで決まるのかと、みんな驚いて聞いてきましたね。疑わしく思うかもしれませんが、安倍政治というのは思いつきで決まっていたんですよ。

佐高　だって、何にもないんだもん。

西谷　こんなことが酒の席で決まるのかと思いますが、思いつきで決まった代表例がアベノマスクですわ。国民にマスク2枚ずつ配ったら、国民の不安は払拭されますと官僚が言ったわけですね。

佐高　堺屋の2千円札だね。

西谷　2千円札と一緒。安倍だけ、ずっとこの、給食当番のマスクやったね。布マスクだから、ほんまは効果ないんですけれどもね。

佐高　まだ、家にあるよ。

西谷　うちもまだあると思います。使わへんもん。これが大量に余ったでしょう。保管費がものすごくかかってまた問題になった。これはベトナムとミャンマーの業者に作らせたと聞いています。ミャンマーの軍事政権に日本の金が行っているんちゃうかなと思うんですよ。そういう意味でも、こんなの思いつきで決めるなよと、郵送費だけでなんぼかかんねんという話ですよね。こういう思いつきで決まる安倍政治、維新政治の怖さは知ってほしいです。

膨れ上がる万博予算

西谷　それで大阪万博をやろうと決まって、誘致活動に入ったわけです。万博は、ロシアのエカテリンブルク、アゼルバイジャンのバクー、そして大阪の3つで争った。フランスのパリも出ると言っていたんですが、パリは賢いからやめたんですよ。これは大阪が勝ってしまうかなと思ったら、ほんまに勝っちゃった。大阪万博が決まった瞬間、このときの松井のはしゃぎぶりは恥ずかしかったです。

佐高　東京オリンピックのときと同じだね。あのときの猪瀬直樹と。

西谷　そう、猪瀬がいましたね。目がドルになっていたでしょう、ゼニや、ゼニが降ってくるみたいな感じやね。この人らみんなね。

　このときはよかったんですよ。万博をやるぞといって、威勢がよかったんです。松井は大阪府と市が一体となって申し込んだから万博ができたんだと自慢していたけれども、今こけそうですからね。

佐高　万博もオリンピックも、お祭りで一時的にわっと景気よくなったように見せるんだよ。しかし、長野オリンピックも、その後はがたっと来たよね。

西谷　ボブスレーの会場なんて、あってもだれも滑れませんしね。

佐高　そういう、暮らしや生活をワヤにして始まるのがお祭りなんだよね。私から見ると、橋下は堺屋の二の舞なんだよな。二の舞というか、二番煎じなんだ。

西谷　そう、お祭り感覚で、わざわざ夢洲を7番目の候補地に入れて、橋下と松井で夢洲に決めてしまったわけです。当時、大阪府議会も過半数は維新だし、市会だけが過半数取っていなかったけど、公明党を抱き込めば通りますし、あと府下の自治体もほぼみんな維新なので、もうだれも反対できないような状態にして、夢洲万博、夢洲カジノが決まっちゃったんですよ。だから、松井の責任は重いですよ。

佐高　吹田の万博跡の他には候補がどれくらいあったの？

西谷　服部緑地と、鶴見緑地と、それからりんくうタウン、あそこは広大な土地があるんですよ。そんなところが6つあったんですわ。

佐高　それにしていれば全然金がかからないよ。

西谷　内陸やから、今みたいなあほなことになっていませんわね。地盤も改良せんでええし。下水も地下鉄もすでに通っている。

佐高　夢洲はわざわざそれらを一から作ると。

西谷　もう1本橋を架けるとか、あるいは阪神高速淀川左岸線を引っ張ってくるとか言っていました。それも工事が遅れて引っ張れないし、橋も架けられないから、次に船で行くと言うて。それは船会社が拒否しましたわ。関空から近いし、赤字になるからと断られて。じゃあ空飛ぶ車で行けるかって、いや、行けませんやろ。

佐高　しかし、ものすごい無駄遣いだよな。「身を切る改革」とか言いながら。最初の予算はいくらと言っていたの?

西谷　1200億円ぐらいが今1800億に、そしてさらに上振れして1・9倍超の2350億になっているんです。でも2350億ではできない。

佐高　できないでしょう。

西谷　今言ったように、上下水道、地下鉄延伸、夢舞大橋の拡張などで莫大な費用がかかる。

佐高　それは大阪府・市でやるわけ?

西谷　パビリオンとか木造リングとか建設費は国が3分の1、大阪府・市が3分の1、経済界が3分の1なんですよ。ところが、運営費は入場券代でやらなあかんのですよ。でも、入場券を7500円にしても売れへんやないですか。

佐高　7500円なの?

西谷　予定では。僕、アフガニスタンに時々行くんですが、ドバイでビザを取ってから行くことになるので、2021年2月にドバイ万博に行ってみました。ドバイの万博駅ではだれも降りないし、入場門からしてがらがらですよ。

佐高　開催中に行ったの？

西谷　もちろん開催中。僕がパスポートを出してチケットくださいと言ったら、「ウェルカム、フリー」と言うんですよ。ドバイでは、あまりにも客が来ないから、60歳以上は無料にしていたんです。アメリカ館の待ち時間は5分でした。万博を中東で開催するのは初めてだったんですよ。しかも、ドバイはお金持ちでしょう。日本より子どもも多い。でも行かない。

佐高　それはなんで？

西谷　いまや、インターネットがありますからね。入場料も、ドバイは３０００円弱ですわ。ちなみに、２００５年の愛知万博は４６００円やった。

佐高　大阪はドバイの倍以上の７５００円か。高いよね。だれも行かないんじゃないの？

西谷　最初は、６０００円だったんですが、入札がうまいことといかなかったのと、結局人件費も上がったので、７５００円になったわけです。しかも、夢洲は遠いですからね。行って帰るのに大阪府下でも交通費が２０００円ぐらいかかります。そんなところに行きますか？　という話です。まだオリンピックならテレビの放映権料が入るけど、万博はそれもないからね。収入は入場料だけだから、大赤字ちゃいますか。しかも、4月から10月の暑い時期。２０１８年に、夢洲と咲洲に台風が来たことがあったんです。風を遮るものがないから、空のコンテナが飛んできて海にプカプカ浮いてたんです。万博中に台風が来たらパビリオンが飛んでいくかも。

佐高　そうすると、維新に投票した人に行ってもらうしかないね。夢洲に閉じ込められても文句言うな。

西谷　松井がさっさと市長を辞めたでしょう。逃げたんちゃうかなと思うんですよ。会場を夢洲にした張本人。このまま万博を強行すると、東京オリンピックか、それを上回るような大赤字になるんちゃうかなと思うんです。

佐高　これを読んだ人はなるほどと思うでしょうね。

西谷　だから、あちこちでしゃべっているんですけれどもね。

佐高　しかし、ますます行きたくないな。買う人って本当にいるの？

西谷　今、前売り券を売ってるんですよ。７００万枚を企業に、７００万枚を自治体に売ろうとしているんです。

佐高　自治体ということは、税金だ。

西谷　税金ですね。それも、関西万博やから、大阪だけでなくて、おそらく兵庫、京都、奈良にも売ると思います。

佐高　7500円で売っているわけ？

西谷　前売りだから、6000円で売るんでしょう。

佐高　それは普通に考えたって売れないと思うじゃない（笑）。

西谷　売れない。でも、1社当たり20万枚で12億円ですよ。ノルマかけとるんですよ。

佐高　それは何？　住友化学とか、いろいろ？

西谷　もう関西経済連合会の企業に全部。12億円でチケットを買わされたら、企業は、下請け・孫請けに押し付けるから、町工場の社長は泣きますね。それと、おそらく自治体は小学校、中学校、高校に遠足で行かせるでしょう。

佐高　オリンピックと一緒か。でも、6000円もかかる遠足をやらせるの？

西谷　そのへんは、割り引いたりとかするやろうけど。しかし、橋とトンネルしかなくて、台風が来たら逃げられへんから、危ない。そんなところに子どもを行かせたくないですよね。だから学校は、遠足に二の足を踏むと思います。

要は、来場者数のカウントを増やしたいわけですよ。無理やりやった場合、しょぼいじゃないですか。ただ、７００万枚ずつ前売り券を売っておけば、まあ２５０万人ぐらい行くと試算しているんでしょう。

佐高　前売りはもうスタートしているわけ？

西谷　はい。万博協会に「入場券課」ができているんですよ。もう今からノルマが発生しているんじゃないかな。

佐高　企業だってそこまで言うことを聞かないでしょう。

西谷　と思いますけどね。でも、関経連の会長が買え言うたら……。

佐高　従っちゃうか。しかし、その軟弱地盤というのは、辺野古みたいな話でさ。どこまで金かかるかわからないじゃない。

西谷　わかりません。吉村は、「夢洲は沈下していません、もう大丈夫です」と言うとったけど、4・8メートル沈んでいることがこの前わかりました。ちゃんとデータがあります。4・8メートルというのは、すでに1軒分の家が沈んでいますよ。

佐高　そうだね。

西谷　重いもん建ったら、もっと沈みますからね。

佐高　維新が沈むのはいいけれども（笑）。

無人島ゆえ、反対運動が起こらない

西谷　先日夢洲に行ってきたんですが、ものすごい数のトラックが土を運んでやってくるんですけれども、中には黒塗りのワゴン車、高級ワゴン車がいっぱいあるんですよ。おそらくあれはゼネコンだと思います。23年の統一地方選挙、大阪の自民党はカジノには反対していたから、そういう業界の票が維新に入ったんちゃうかなと思いますわ。

佐高　しかし、国民にはプラスもなにもない。負の遺産の二の舞だ。いや、もっとひどくなるでしょう。横浜のときもそうだけど、連中はカジノは経済的に潤うとか言っているけれども。全然潤わないんだよな。ハマのドンの藤木幸夫さんが言っていたけれども、カジノは末期資本主義に出てくる産業なんだよね。つまり、何も生み出さないんだよ。人々を貧しくするだけなのに、一攫千金の間違った夢を抱かせる。まさに、府民を全部すっからかんにする。

西谷 大阪はもともと中小企業が多くて、「物づくりの町」じゃないですか。NHK連続テレビ小説『舞いあがれ！』の舞台になった、東大阪のねじ工場とか。でも、その工場の社長がカジノに狂ってしまったら、従業員はみんなクビになるわけでしょう。下請け、孫請け、みんな食っていけなくなる。だから賭博は法律で禁止されているわけです。社会が壊れるから。なにより、庶民の生活予算がそっちにいくのがいけない。

佐高 そこが一番問題だと思うんだよね。

西谷 万博だけでもすごい金額になっているのに、これからカジノにも金を突っ込みますよ。下手したら5000〜6000億突っ込まなあかんと思うんですよ、地盤沈下対策とか。立命館大学の森裕之教授が試算しているんですけどね。やっぱり株の世界のように、損切りしかないですね。もう今切らんと、ずぶずぶ税金を突っ込みますわ。

それと、やっぱり大きな問題は、利権。大阪万博が終わったら、絶対に捕まる人が出てきますよ。絶対中抜いていますわ。竹中抜き平蔵みたいなのがおるから。

佐高　つまり、自民党より維新のほうが、利権真っ黒の人たちなんだよね。

西谷　自民党の劣化した部分が維新に行った。自民もひどいけど、まだまともな人も残っている。

佐高　もはや、まともかどうかは怪しいけれどね。セミダーティーみたいな。しかし、こっちは真っ黒なのは間違いない。真っ黒維新なんだよね。それと維新の場合は吉本との結びつきでしょう。

西谷　はい。吉本興業は、大﨑洋会長がこの前辞めたのですが、あの人はダウンタウンの元マネジャーです。ダウンタウンは安倍晋三ともご飯を食べている仲。万博のアンバサダーで、結局その後のカジノに絡んでくる。カジノでビルが建つと、横に劇場もできますね。この劇場の運営権を吉本が取れるので、吉本はもう完全にカジノ推進。吉本のタレントは維新の悪口は言わないし、忖度しています。大阪府とか大阪市が発注する仕事は吉本にとってもおいしいでしょう。イベントも税金なので取りっぱぐれることがない。

結局、大手メディアが報じないので、こういう問題が広がらないのが、困ります。

佐高 しかし、ここまでひどくなっているのに、まだ在阪メディアは書かないんだ？　万博だけでなく、カジノの問題もあるのに。カジノまで進んでいいのかね。

西谷 書かないし、知られても問題ないと思っていますよ。映画『ハマのドン』の松原文枝監督と対談したときに、大阪との違いがよくわかりました。横浜はハマのドン・藤木幸夫さんがいたから、なんとか止まったけど、大阪は止まらないでしょう。横浜のカジノ誘致候補地は、山下公園あたりでしたよね。

佐高 そう、山下ふ頭。

西谷 山下ふ頭は市民がみんな行くじゃないですか。愛着のある、馴染みの土地ですから、こんなところにカジノなんか作らんといて、と思う。でも、夢洲は無人島です。だれも行かないし、どんなところかも知らへん。そこに住んでいる人もいないから、反対運動が起きない。

佐高　そうか、無人島だからな。

西谷　もしだれか住んでいたら、近所に住んでいたら、違ったかもしれない。

佐高　ネズミしかいないわけだ。

西谷　ゴキブリとネズミしかいない。

佐高　ネズミも住まないかもしれないな。

西谷　汚染されてますからね。でも、いまセブン-イレブンが1軒あるんですわ。

佐高　それはだれのために？

西谷　夢洲に地下鉄を通していますので、工事中の労働者とトラックターミナルの運転手がお昼食べるためにあります。でも万博開催は2025年から半年だけでしょう。カジノができるのは、2030年以降。じゃあこの地下鉄にだれが乗るの？という話ですよ。セブン-イレブンの従業員5人は乗るかもしれないけど、1日の乗降客が行き5人、帰り5人という地下鉄ができるんですよ。カジノまでの5年間、この地下鉄は大赤字になります。

佐高　すごいね。秘境駅だ。これは隠されているの？

西谷　隠されている。情報公開しません。これは積極的に情報公開してほしいと訴えて、ようやく出てきた。何回も言いますが、大手メディアは書かない。

佐高　聞けば聞くほど、絶句するしかない。おもしろい話じゃないねえ。吉村を「かっこいい！」なんて言ってる大阪のおばちゃんたちは知ろうとしないわけだね。それで、この地下鉄はいつできる予定？

西谷　２０２４年。つまり今年中にとは言ってますが。

佐高　それは間に合うの？

西谷　無理やり間に合わせると思う。

佐高　地下鉄も地盤沈下するかもしれない。そんなところ、本当に大丈夫なのか……。

西谷　万博の半年間は、沈ませないよう乗り切るつもりでしょう。６年後のカジノのときはジャッキで上げるんちゃう？

佐高　でも、万博期間だって危ないじゃない。

西谷　万博の期間に台風が来たら危ない。台風が来たら、トンネルだから、すぐ水没しますよ。そうなったら地下鉄は通らへん。橋は強風で通行止めになるでしょう。そうすると、万博に来た人が夢洲に閉じ込められるんですよ。そんなことになったら、ただでさえ暑いときです、熱中症で亡くなる方が出てもおかしくない。もし南海トラフが動いたらもうアウト。もうあそこは液状化するから、絶対に駄目。

佐高　南海トラフ地震が来なくても駄目になるという。

西谷　また、何も遮るものがないから、台風がなくてもめっちゃ風が強いんですわ。それで、さっきも言いましたが、80メートルまで杭を打たないと、しっかりしたもんは建てへんでしょう。でも、パビリオンはプレハブで、置いておくだけやからね。パビリオン飛びますで。「アメリカ館、飛んだ」とかね（笑）。

佐高　アメリカ来るの？　来ないんじゃない？

西谷　一応名乗りは上げていますよ。アメリカと、カナダ、シンガポール、ベルギーあたりかな。

佐高　前は名乗りも上げていなかったじゃない。

西谷　いや、一応、秘密裏に56か国は上げていたんですよ。上げていたんですけど、建設申請をしなきゃならない。この建設申請はゼロやった（笑）。だから、ほんまにやる気があったのか。普通だったら、建設申請してから2か月ぐらいで許可が下りて、すぐに作らんとあかんから、今ごろはもうやっていないとあかんのですよ。でも、ゼロだったので、各国が作るタイプAはもう無理なんです。だから、今はタイプX。日本がプレハブを渡して、アメリカはそれを使って建てると。そのプレハブの利権に和泉がいるんだと思います。

佐高　プレハブ和泉。

西谷　いずれにしても、万博はおもしろい話が満載です。まだ電気も通っていませんから。

佐高　セブン－イレブンまでは通っているんだよね？

西谷　細いのは。20万人来るだけの電気はこれからです。パビリオンとか、噴水を上げたりとか、きらびやかにするわけでしょう。それを関西電力が通すらしいですけどね。ほんまに間に合うの？　と。

佐高　どこかで来ないだろうと思って計算しているんじゃないの。

西谷　いや、だって清水建設会長の宮本洋一さんかな、すでに間に合うかわからないと言うてます。日本建設業連合会の会長でもあるんだけど。清水建設はプロやないですか。清水建設ができないと言うなら、絶対できませんよ。なんぼ吉村ができると言っても、彼は素人ですから。

佐高　大阪府・大阪市内の担当者とかもさ、やっぱりこれはできないと、実際の数字をはじいているんじゃないの。

西谷　ところが、橋下・松井時代に、そうやって物を言う人はみんな左遷されたから、みんな怖がって、何も言わへんのですよ。

佐高　ロボットしかいないわけだ。

選挙まで隠された談合の記録

西谷　この夢洲問題で、大阪港湾局についても話しておきたいことがあります。カジノを含んだＩＲ（統合型リゾート）、その夢洲の土地の賃料問題です。まず、この夢洲の土地を不動産鑑定に出したんですが、4社の鑑定業者のうち、3社が「1平方メートルあたり12万」という値をつけました。査定額が3社でそろうなんて絶対におかしいでしょう。こんなのは、宝くじ並みの確率らしいです。しかも、周辺の相場と比べて、かなり安い。例えば、USJ隣接のホテルだと、1平方メートルが50万から60万です。

佐高　おかしいとすぐわかりますね。

西谷　事前にここにカジノができるというのはわかっていたわけですよ。すると、駅前の一等地並みの価値になる。でも、大阪市はカジノができるということを考慮から外してくれ、駅前一等地も考慮から外して鑑定してくれと、こういうふうに指導した。

佐高　何か企みがあるわけでしょう。

西谷　安くして業者を喜ばせたいために、こういうことになったのではないかと。カジノ業者が有利になるように大阪市が指導して談合させて、12万円にしたんちゃうかという。

ということは、大阪市と業者がメールでやりとりをしているはずやと。それで市民団体が2022年の11月に情報公開請求をかけました。

すると、港湾局の課長代理がメールを削除したんです。その削除した人の名前までわかっています。メールをサーバーから削って、外付けハードディスクに移したんですよ。それで、港湾局のメールはこれだけですといって公表して、不正なやりとりのメールは存在しないとした。

絶対談合していなければおかしい結果なので、疑惑は続いていたんですが、2023年の3月に港湾局の職員がその外付けハードディスクを発見しまして、実はメールがありました、と。

佐高　それは内部告発ですか。

西谷　内部告発に近いです。まともな職員がいたんですよ。メールを隠していたことについて、港湾局はやばいと思ったんでしょうね。しかし、これを3月に把握しておきながら、すぐには公表せず、7月になってから発表した。なぜかというと、4月に統一地方選挙があったからです。統一地方選挙の前にばれてしまうと、万博やカジノへの批判がとんでもないことになる。これは吉村、松井に合わす顔がない、怒られる。だから、忖度して3月には言わなかった。7月に引き延ばして、謝罪したわけです。

佐高 談合があったこともひどいし、選挙のために忖度したというのもひどい話だね。

西谷 ひどいでしょう。これは森友学園と一緒でしょう。

佐高 完全に犯罪だよね。

西谷 これは公文書毀棄か何かの罪（公用文書等毀棄罪）がありますよね。公務員がこれをしたら犯罪のはずです。

佐高 それと談合罪でしょう。これはさすがに検察とかも動くんじゃないの。

西谷 動いてほしいですよね。これが明らかにならず、1平方メートルあたり12万円に基づいて、月額428円で貸し続けたら、ものすごい損害になるんですよ。50万の評価で貸し続けたら地主の大阪市にそれなりの賃料が入るけれども、12万の評価で貸し続けると、大阪のカジノは最長で65年の契約期間になるので、莫大な損失を大阪府民、市民に与えます。これはもっと住民が怒らなあきませんね。
佐高　その怒るための資料が渡されていないということなんでしょう。
西谷　そういうことでしょうね。でも、この談合問題は、『赤旗』がすっぱ抜いたあと、毎日放送（MBS）が続いたんですよ。夕方の番組でスクープを打った。
佐高　毎日放送はがんばっているんだ。
西谷　がんばっている。この件もあったから、松井は、毎日放送を恫喝したんですよ。囲み取材とかあるじゃないですか。朝日新聞、読売新聞、朝日放送とか、大手メディアが行きますよね。毎日放送だけに怒るんですよ。
佐高　後追いは、ほかはやらなかったわけね。
西谷　あとのテレビ局はやっていないですね。後に続けよと思いますよね。しかし、これをやった毎日放送はほめてあげたらいいと思うんですけれども。松井にだいぶ恫喝されたから、がぶっと嚙まれた傷がまだ癒えてへん。まだ松井の歯形が付いている。だから、もう怖がって言わへんのです。安倍政権の末期みたいな感じですわ。安倍政権ではどんどん、メディアも怖がって、古舘伊知郎、岸井成格、国谷裕子さんらが飛ばされたじゃないですか。そうして何も言わんようになったでしょう。あれの大阪版が今来ています。

第四章　投票率を伸ばせば、維新は倒せる

地方紙のない大阪

佐高　これまでも散々言ってきたけど、本当にメディアがだらしない、というのに尽きるね。何をやっているんだと。大阪なんて、あのジャーナリストの黒田清さんがいた土地でしょう。

西谷　黒田清さんも、小西和人さんもいました。小西さんは大阪を守れといってオリンピック反対運動を。『釣りサンデー』という雑誌を作っていた人で、昭和2年生まれですから、城山三郎さんと同い年ですね。もうお亡くなりになりましたね。

佐高　反骨に見せないような反骨があった。上岡龍太郎とか。

西谷　そうそう。上岡龍太郎の反骨精神はけっこう大阪人に支持されていたから、すごく人気がありましたね。『探偵！ナイトスクープ』とか、上岡龍太郎が出ていたときはおもろかったんやけれども、今はダウンタウンですから、もう見ません。

佐高　そういうのもメディアがやっぱりやらないと駄目だな。

西谷　そうなんですが、何度か言ってきたように、大阪は地方新聞がないんです。

京都新聞も神戸新聞もあるのに、「大阪新聞」というのはない。

佐高　そうか。

西谷　新聞がなくても、テレビ局が1局ぐらいやればいいんですよ。ところが、毎日放送（ＭＢＳ）は松井に面罵されましたからね。だから、テレビ各局は、維新を取り上げるのを怖がっていると思います。

佐高　そんなことで怖がっていたら、メディアの看板は下ろしたほうがいい。

西谷　だから、マスコミの犯罪でもあると思います。犯罪に近い報道だと思います。

佐高　でも、さすがに万博の話は書き始めたでしょう。大阪のメディアも。吉村も顔色が悪くなってきたし。

西谷　万博の話は書き始めました。万博はわかりやすいし、旗色が悪いのも見えてきた。ほんまに間に合わへん可能性が高いから、一体何してんねんということで書き始めました。ものすごくお金がかかるし、こんなところでほんまにできるのかと、吉村は責められました。責められたら、彼は万博協会に公開質問状を出しました。佐高さん、これどう思います？　吉村は万博協会の副会長なんですよ（笑）。

佐高　何も言えないね。

西谷　知事選挙のときこう言ったんですよ。万博を責任持ってやり切れるのは私だけだと。それやのに、部下に公開質問状を出して、何でこんなに予算が上振れしたんだという質問しているんですよ。

佐高　それなら、もう辞めろと。

西谷　そうそう。4月の選挙のときからもうわかっていた話ですよ。資材が高騰して、パビリオンがゼロで、えらいこっちゃ言うて。また、5月には岸田総理と会って、何とかしてくれと言っている。だから、この時点では絶対わかっていたはずです。わかっていたのに一言も言わないで、世間に責められたら公開質問状です。あんたは被害者かと。

佐高　これはメディアで取り上げられたわけ？　公開質問状というのは。

西谷　いや、メディアもあんまり言わへんのよ。ネットの世界だけ。ネットの世界では、さすがにこれはあほちゃうかと言われました。お前は万博の副会長やろと。万博協会に出向している4分の1は府の職員やないかという突っ込みが入っていますけどね。

吉村はだんだんやばいと思いはじめてるんですよ。なぜなら、フェードアウトしかけてきている。最近の看板・標識のことをサイネージというんですか、映像でどんどん変わる広告看板がありますよね。それには、大阪万博じゃなくて、「日本国際博覧会」と出ています。

佐高　うん？　日本国際博覧会？

西谷　今までさんざん大阪万博って言うてきたのに、いつの間にか日本国際博覧会になっているんですよ。その隣に括弧をつけて、「大阪・関西万博」としている。

佐高　さすがに括弧は付けなきゃなんなかったんだね。

西谷　そうそう、括弧を付けて。大阪万博でもあるけど、前に打ち出しているのは日本国際博覧会です。やるのは日本国です。私たちは支えているだけです、みたいなことを言い出した。吉村も、今は国の事業だと責任転嫁する発言をしとりますから。

佐高　今？

西谷　言うてます。

佐高　前まで違うことを言っていたんでしょう。

西谷　それまでは、府・市一体だからできたというのが彼らの主張でした。松井と吉村は、俺たちがやったと言うて注目を集めて、赤字が増えたとたん「万博は国家事業だ」と言い換える。自分たちの失敗が露呈するのを避けたいんやね。

佐高　それに突っ込むのはだれもいないの？

西谷　いや、フリーは突っ込みますよ。横田一さんとかは。

佐高　横田さんは在阪じゃないじゃない。

西谷　在阪ではないですね。他には、例えば大阪日日新聞の木下功記者なんかはいたんですけど、日日も2023年7月休刊になってしまいました。

佐高　そうすると、西谷文和ぐらいしかいないわけか。

西谷　あと吉富有治さんとか何人かいますけど、みんなフリーですわ。だから、「記者クラブ」に属せないので、取材を拒否されたら入れない。これも問題です。

佐高　完全にばかにされているよね。フェードアウトしなきゃならないのは吉村じゃないのさ。

西谷　そう。ところがフェードアウトさせたいねんけど、まだまだ選挙になると強い……。

佐高　変な人気がある。

西谷　でも、もうだいぶ陰ってきたんちゃうかな思うんですけど。万博は嫌やけど維新に入れるという人がまだ多い。2023年4月の統一選挙、どうなるのかなと注目してたら、府知事選挙はみんな「どうせ吉村やろ」と言っていた。つまり、もう戦う前から吉村人気がすごかったので、吉村が勝つやろうと。
　だから、俺はもう行かへんぞと、私やめとこかということになって、投票率が下がっていって、結局維新が勝つんですよね。だから、みんな選挙に行かないとダメ。万博がおかしいぞ、とか、カジノは嫌やぞとか思っている人はね。だからぜひ、これ（デモクラシータイムス）を見た人は次こそは行ってほしいと思います。

維新が勝てない三重

西谷　それで23年の統一地方選挙の特徴なんですが、大阪・奈良・京都・兵庫は維新が勝った。でも、三重県は維新が勝てなかったんです。

佐高　三重県民はまともだった。

西谷　まともでした。維新はほとんど勝っていません。地方議員が通らない。それはなぜかというと、三重県には、毎日放送、朝日放送、読売放送が届かないんです。在阪メディアの朝晩の番組が流れない。三重は東海テレビだから。

佐高　東海テレビはすごいからね。質のよいドキュメンタリーを制作している。『ヤクザと憲法』とかね。プロデューサーの阿武野勝彦さんががんばっています。

西谷　メ～テレ（名古屋テレビ）とかも、吉村とか橋下を出さない。大阪府知事だから出さないだけで、河村は出したかもしれませんが。三重県で維新がほとんど当選しなかったということは、やはりテレビで維新の人気が増幅されているということは言えると思います。

佐高　そういうところはテレビを見るなと。ＹｏｕＴｕｂｅの我々の番組を見ろということだね。

西谷　「デモクラシータイムス」を見てくれと。そういうことですね。

佐高　岩手県知事選もよかったよね。自民党支持者の4割が、野党側が支持した達増拓也に入れたらしい。

西谷　それはいい傾向ですね。

佐高　つまり、さすがに自民党支持層も統一教会とかに付き合っていられないという話じゃないの。

西谷　こんな物価高で財政ピンチなのに、武器を爆買いしているでしょう。もう岸田あかんわと思っているんちゃいます？

佐高　それと、もう1つ言っていたのは、どこまで本当か知らないけど、岸田が統一教会に解散命令を出した。しかし、あれは裁判所とできていて、命令を出すけど裁判所で拒否してもらおうという腹づもりらしい。つまり、パフォーマンスをすればいいわけだよね。

西谷　裁判所は、最後は裏切る傾向が強いからね。

でも、マイナンバーの問題があり、支持率が落ちて、これだけガソリンも上がって、裏金問題があって……ちょっとこれ解散でけへんのちゃうかな思いますけどね。

佐高　岩手の選挙結果とか、それから立川でも負けたじゃない。

西谷　そうですね、立川でも負けましたね。

佐高　こういう結果を頭に入れていないからかもしれないよね、まだね。

西谷　ただ、大阪では、自民党が体たらくやからとりあえず維新に入れとこか、となるから恐ろしい。だから、維新はこれだけ下手を打っても、それほど減らさへんと思います。

佐高　これも冨田宏治教授が言っていたけど、自民党の劣化によって維新が上がってきた。1軍がちゃんとしていないから2軍が上がってくるという。

西谷　そうそう。川崎も票が割れたでしょう。福岡もそういうのがありました。つまり、自民が割れたら維新が勝つと。

佐高　それと、自民がそもそも劣化してきた。統一教会とか、あるいは創価学会とくっついたのだって、劣化の証拠でしょう。本来の支持者がやっぱり反発している。

西谷　経済的にも、昔やったら米屋とか酒屋とか、商店街の大将が自民党に入れていたけど、大型スーパーができて没落していった。今は不動産とか、あるいは株で儲けたらええというやつらが出てくる。大阪の場合は、やっぱり不動産屋と建設屋と株屋は維新支持者が多いです。

佐高　だろうね。ちなみに、京都のほうは、今はどうなんですか。

西谷　京都府議会議員が維新が9議席取って、共産も9になった。共産の牙城の京都が維新と肩を並べているので、もうすぐ共産が抜かれるんちゃうかなと思います。

佐高　ああそう。ほかは、維新、共産。自民は持っている。

西谷　自民はもともと強いからね。京都は、立憲がそれほど強くないはずなんですよ。

佐高　京都は、共産が強いからね。

西谷　公明も大阪ほどは強くないですから。でも、維新がそれだけ伸びているということです。

立民の福山哲郎をラジオに招待して話を聞いたんですが、2022年の参議院議員選挙では、ぎりぎりの勝利。維新にぎりぎり、2万票差で。そのとき、吉村・松井が、大阪から京都市役所にわざわざ来て、「京都市役所のみなさん、大阪を見習ってください」と演説をやりました。大阪人に言われたくないと思っている京都人は、京都のことは京都で決めるという人たちですから、それがあだとなったのか、なんとか維新を退けました。だから、彼らが来てくれてよかったですよ。京都であんなことを言わへんかったら、危なかったですよ。

佐高 危なかった。迫力ないしね、福山。

西谷 福山さん、迫力はないね。辻元清美さんと話したときも、吉村がもう毎日のように来ていたと言っていました。高槻市で辻元の悪口を言いまくるんですって。あのときは辻元さんは負けましたけどね。

佐高 そうそう。私を呼ばないで、山崎拓を呼んだんだよ。

西谷 あれは失敗やな。自民党の川嶋広稔さんとか、あとアップデートおおさかの人が言うていたんですが、維新は統一地方選挙で3日に1回ぐらい世論調査しているんだって。世論調査して、例えばA候補は調子がいいけど、Bが危ないというときに、Bに吉村が行くんです。今度はBが伸びた、次はCが危ないとなったら、Cに行く。その作戦で、2日か3日に1回世論調査をして、吉村や横山など有名人を投入して、全部票を引き上げたと言っていましたね。だから、それなりに科学的に選挙を戦っていますわ。強いですよ。

もはや怖いものはなし

佐高　公明党、創価学会が維新に首ねっこを押さえられているという話を前にもしたけど、今の状況はもっとひどくなっている？

西谷　そうですね、完全に押さえられています。

佐高　右往左往しているよね。ここのところを詳しく説明してほしい。

西谷　はい。大阪で小選挙区が19あるんですが、大阪3区、5区と6区、16区だったかな、あえて維新が候補者を出さず、公明党しか出ないという選挙区があるんです。そこで馬場代表が、公明党の創価学会の人と話を付けて、松井もそうしたと思うんですけれども、あえて維新を出さないと。維新を出さない代わりに、大阪都構想の住民投票のときは公明党に協力させるという、そのギブ・アンド・テイクの関係を築いていた。公明党内で、創価学会の婦人部とかは都構想に反対していますし、橋下徹が「慰安婦は必要」発言をしたときも、まともな学会員の人は拒否反応を示していたんやけれども、トップがこういう取引をするから、下部は従ってしまう。だから、公明党は総体としては維新側に付いていると。

佐高　創価学会は、もともと「常勝関西」とか言われるくらい、大阪で強かった。それなのに、維新に取られてしまっている。そういう大阪の学会員の不満というのは、維新には向かったりしないんですか。

西谷　おそらく下のほうの人の不満は向かっているんやと思うんです。ただ、大阪市会、この統一選挙の前は、維新はぎりぎり少数派だったんですね。維新は公明党を取り込んでようやく条例が通るので、そういう小選挙区で出さない代わりに、住民投票とかカジノで公明党は反対できないようにしていた。それに対して、創価学会の心ある人は悔しく思っていたと思うんです。ただ、全体としては、やっぱりカルトな団体なので。

佐高　でも去年、市会の過半数を維新で占めちゃったわけでしょう。

西谷　そうです。だから、維新は怖いものなしですよ。

佐高　ということは、公明党も学会も逆に斟酌しなくていいということだよな。

西谷　そういうことになりますね。

佐高　もう捨てられることがはっきりしているわけでしょう。馬場は捨てると言ったよね。

西谷　馬場は公明党に「何かの協力をお願いする状況下にはない」と言いましたね。ただ、僕はそれを言うことで、公明党をびびらせておいて、大阪の4選挙区のうち2つぐらいは維新が出すけれども、2つぐらいは公明党に譲って、引き続き言うことを聞くような存在にするんちゃうかなと思っています。

佐高　創価学会、公明党の体質が、完全に尻尾を振る体質になっているわね。尻尾を振る対象が自民党なのか、維新なのかという話でしょう。

西谷　公明党はこれからどっちにも振らなあかんですよ。

佐高　自民党と公明党がぎくしゃくしてきた。選挙協力でぎくしゃくしてくるということは、結局理念では結びついていないということだよな。

西谷　そういうことですね。

佐高　そのときに、岸田や茂木とかが、あまり創価学会とのパイプがないんだとか言って、菅が浮上してきたでしょう。本当にあれには腹が立った。メディアは何をやっているんだと。菅は、１９９６年の衆議院議員総選挙のとき、神奈川２区から新人として出て、衆議院議員になった。そのとき戦った相手が創価学会の元青年部長の上田晃弘だったわけ。菅は当時、ものすごい創価学会批判をやったわけですよ。池田大作を「人間の仮面をかぶった狼」とまで言ったんだよ。俺だってそんなことを言わない。

西谷　そのときの菅はまともじゃないですか（笑）。

佐高　まともと言えばまともか。しかし、その後の２０００年の選挙で自民党と公明党が連立したから、創価学会に応援を頼まなきゃならなくなるわけ。

西谷　くるっと方針が変わるわけですね。

佐高　それで、さすがに神奈川の創価学会のトップが菅を呼びつけたんだよ。菅は秘書と一緒に行って、１時間ねちねちとやられたのね。それは言うよな。

西谷　苦言を言って反省させたんですね。

佐高　菅さん、あんたこの前の選挙で池田先生のことを何と言ったんだと。さすがにもう一度言えないよな。脂汗を垂らして弁明したらしいよ。その菅が自民党で一番の学会通ということは、学会もでたらめだということだよね。

西谷　逆に言うと、そういうのを通じて野合していったんでしょうね。

佐高　それでよく野党共闘を「野合」とか言うなと。自民党のほうが野合をやっているじゃないか。

西谷　立憲と共産が組んだら何かいろいろ言うくせに、自分はええんかという話。

佐高　麻生太郎は、個人としては学会はあまり好きじゃないからね、ああいうやつが言うんだよ。立憲、共産とかに対してね。公明党は徹底して野党になるべきであって、そこで維新との違いを出さなきゃならないと思いますね。

西谷　そうですね。このままいけば、関西で維新にかなり議席を食われますよ。だから、それで東京でもめたわけでしょう。大阪の結果は東京にも影響しますから。

佐高　それで府議会議員は、公明党はどのぐらい残っているの？

西谷　公明党は14議席だと思います。定数が79で維新が51取ってますから。自民が

7かな。共産が1になっちゃって立憲も1に。だから、もう全然リベラル側は足腰がないんです。

「風を吹かせ」――維新政治10年の教訓

佐高　最近不満なのは、一応、自民党が統一教会との関係を切ると言ったでしょう。表向きにしても。

西谷　質問とか言いながら延ばしていますけれどもね。

佐高　そうすると、統一教会員の選挙で働く人たち、票獲得の実動部隊みたいなのは、維新に行ったんだと思うんだよ。思想的には自民党より維新のほうが近いんだから。あの実動部隊の力は侮れないものがある。それを指摘する人が意外と少ない。

西谷　そうですね。タダでビラを配ってくれるし、街頭演説も手伝ってくれるし、はっきり言うと、使い勝手がいいですよね。

佐高　もっとえげつないのは、例えば私が対立候補として出たとすると、夜中の3時ごろ、深夜に、佐高側を装って有権者に電話をしたりする。

西谷　謀略電話ですね。

佐高　「佐高が今危ないんです。ぜひお願いします」なんて、夜中の3時に電話をかけられたら、次の日、事務所に批判が殺到するわけ。こういうえげつないことをやるらしいんだよ。

西谷　そういうことを報道したTBSとかにも、教会の信者から3万件の苦情の電話が入ったという話ですからね。

佐高　そのへん、覚悟を決めてメディアもやらなきゃいけない。中村敦夫さんとか、有田芳生とか、弁護士の山口広さんとか、個人で戦ってきた人もいるんだから。

西谷　弁護士もずっと嫌がらせを受けながら戦ってきましたからね。鈴木エイトさんとかもね。

佐高　だから、メディアが駄目だよね。メディアが団結すると、向こうにとっては怖いのよ。だから圧力をかける。

西谷　維新批判も、結局のところメディアは怖がってやっていないですもん。

佐高　怖いの？

西谷　すぐ訴えるじゃないですか。橋下がれいわ新選組の大石晃子さんを訴えたり、松井は水道橋博士を訴えたりしているでしょう。あれは彼らなりの抑止効果を狙っているんでしょうね。前にも言いましたが、僕も橋下徹に訴えられかけましたからね。こんな僕でも。

佐高　まああなたは未遂だけれども。

西谷　関西学院大学の冨田宏治教授が分析しているんですけれども、府議会議員、市会議員に維新が多いんですよ。堺市や枚方市など、大阪府下の議員を全部合わせたら維新の議員は260人ぐらいいて、一人一人が地元の人々5000人ぐらいの名簿を持っています。この票を固める。わざとカジノの「カ」の字も言わない。IRの「あ」の字も、万博すら言わない、街頭にも出てこない。公開討論会にも出てこないわけです。話題になるようなことを避ける。ずっと潜るんですよ。潜って、必ず大阪府下全体で140万票を出すんです。投票率が下がっても上がっても140万は入るので、投票率が下がればいいと思っている。

佐高　有権者が無関心なほうが維新にとって都合がいい。

西谷　冨田先生がおっしゃっていることを、僕も何回も言うんですけれども、「532の法則」。これはどんな選挙をしても5割は棄権、3割が自民・公明・維新に入れて、残った2割がリベラルに入れる。

その5割の投票しない人たちには2種類あって、かつて1回投票に行ったことがある人が2千万人、2割いる。残りの3千万人は1回も行ったことがない人。つまり、2009年の総選挙、政権交代をしたときの投票率というのは約7割に達したんですよ。69%でした。今まで行かなかった2千万人が投票して、民主党と書いた。だから、民主党が圧勝して鳩山政権ができたわけです。

ところが、野田佳彦が消費税を上げたりしたので、民主党はもうあかんということで、この1回投票に行った2千万人がまた家に戻ってしまって、寝てはるわけですよ。この2千万人がまた投票に行ってくれたら、いや、せめて1千万人でいいです。1千万人が行ったら、絶対に自民・公明・維新には入れへんわけですよ。すると配分が433になる。433になったら与野党伯仲で、政治的な緊張感が出ますでしょう。いまのように、自民党が好き勝手できなくなるわけです。

これは、大阪においてもすごくわかりやすい数字がありまして、2015年の大阪都構想の住民投票をしたときは、投票率が67%まで上がったんですよ。政権交代したときの投票率に近い。なので、賛成69万、反対70万で、反対がかろうじて勝ったんですね。ところが、通常の選挙の投票率は5割そこそこですから、維新は必ず大阪市では60万票取るんです。すると、市民派の市長候補は40万しか取れないので負けるんです。

2回目の住民投票も、62%まで上がったんですよ。だから、賛成68万、反対69万でまた反対が勝った。つまり、維新を止めるためには、みんなが投票に行かなあかんわけです。

佐高 風が吹かないと駄目だ。

西谷 風を吹かさないと駄目。これがこの10年間で得た教訓です。

佐高 しかも、まともな風をね。

西谷 はい、まともな風を吹かさないといけない。だから、俺は関係ないよとか、政治はだれがやっても一緒だろうと思っている人に、いや、実は関係あるんですよということを言っていかないといけない。

あと、今回もどうせ維新が勝つだろうという声が多かったんですよ。どうせ吉村が通るんやろうと言って投票に行くのをやめてしまった。どうせ維新やろう、どうせ吉村やろうという声は、裏返せば維新は嫌やということですよね。だから、反維新がしっかりとまとまっていれば、反維新を支持する人が投票に行ってくれたはずなんですけれども、野党がまとまらず、ずっと別々に候補を立てていたわけでしょう。大阪の場合は特に。

佐高　もう1つ、大阪壊滅状態にあると言われている自民党の問題もある。

西谷　大阪市長選で、「維新政治に終止符を」と掲げた北野妙子さん。彼女は自民党を辞めて無所属で出たわけです。北野票は26万票しか行かなかった。堺市長選の野村友昭さんも自民党を辞めて無所属で出ていましたが、維新に負けた。自民党は何してんねんという話ですわ。大阪の自民党は自分の票もよう固められへんのか。

佐高　自民党票というのは維新に蹴散らされているわけだ。

西谷　僕は万博の会場、夢洲を視察していて痛感したんですが、埋め立てや地下鉄工事の規模はすさまじいです。すると、関係のある業界は、みんな維新に入れるでしょうね。それと維新のほうが右寄りでしょう。憲法を変えろとか、ＬＧＢＴ反対とかやるから、自民党の右寄りの人も維新に入れますね。

それと、２０１９年の大阪市長選挙に柳本顕さんが、自民党を辞めて無所属で出てくれたんです。さっきの北野さんもそうですし、野村さんもそうなんですが、自民党には白自民と黒自民がおるんですよ。例えば北野さんや野村さんとかは白自民です。ところが、選挙になったら東京から黒自民が邪魔をしに来るわけですよ。二階や甘利がやってきて、「柳本君をよろしく」とか言うわけですよ。演説を聞いていたら白けるわけです。二階が来よるのか、と。それが嫌で、やっぱり投票するのはやめておこうかとなるんです。黒自民の安倍、菅、二階、甘利、この黒自民が白自民を応援するふりをして、自民党の票を削っているんだと思う。

佐高　そこに作戦があるかどうかは別にして。

西谷　あるかどうかは別として、結果として。

佐高　二階とか菅が来たら維新だもんね。

西谷　そうです。二階、菅は自民党の看板で来る。そして柳本とか北野は元自民党の議員なので、市民は嫌やなと思ってしまう。これは上手やなと思うんですわ。意識しているかどうかは別にして。

佐高　なるほど。前途多難だね。

西谷　前途多難ですね。ねじれた選挙をしてきましたから。大阪の参議院選挙は定数4で、立民が出して、共産が出す。兵庫県も定数3で、立民が出して、共産が出す。そうすると、どっちも共倒れしていたわけですよ。大阪は共産で一本化する、その代わり、兵庫は立民で一本化。こうしておけば憲法を守るという議席が1つずつ取れた。それを3年前も6年前も9年前の選挙でも、みんな言ってきたのに、政党はそれを聞いてくれなかったわけです。だから、どんどん投票率は下がってきた。

東京の場合は、山本太郎さん、山添拓さん、蓮舫さん、これらが勝てそうやと思っていくわけです。だから、前回の参議院選挙の投票率は上がっています。大阪、兵庫は共倒れやと思うから、ますます選挙へ行かない。だから、まずは「俺の1票で変わるんちゃうかな」と思わせないといけない。その仕掛けが必要です。

佐高　兵庫も、土井たか子の地元だったのにね。

西谷　そうそう。あと、憲法9条の会の小田実さんの地元でもありました。

佐高　山が動いたのに、元へ戻った。

西谷　はい。

佐高　とにかく、維新に標的を定めて、これからも追及していきましょう。

終章　最新版・維新不祥事ワースト10

最新「維新ワースト10」

佐高　この本の最初で2022年夏時点の「維新不祥事ワースト10」を発表しましたが、最後に、2024年新年ワースト10を西谷さんに発表してもらいます。

西谷　もうネタに困りませんね。次から次にやらかしてくれるから。第10位からいきます。馳浩石川県知事。

佐高　この人、維新じゃないでしょう？

西谷　自民党やけど維新の顧問なんですって。

佐高　ああ、そういうことですか。

西谷　はい。だから関西万博はやるべきやと、被災地の知事が言っています。石川県として、万博に1千万出すんですよ。そんなことより、能登の人にお金出せよと思いますけど。

佐高　森喜朗の子分だよね。

西谷　森の出身地、石川県ですからね。それで馳ですけど、維新の顧問に就任したのは、何年か前なんですが。知事になったのも、維新の応援で当選しているんです。イソジン吉村が応援しています。

佐高　ああ。

西谷　２０２２年の石川知事選挙は激戦やったわけですよ。馳浩が19万票で、２位が18万、３位が17万ですから。維新の応援がなかったら、この人は知事になってないんですよ。

佐高　なるほど。そうすると、森がすごく動いたんだろうね。

西谷　森が動いて、維新が動いて、お金が動いたと思いますよ。この人、地震が起きた元日に、東京にいたんですよ。なぜ東京にいるの、石川県知事が。

佐高　裏金維新知事だね。

西谷　しかも、被災者より一番最初に、自衛隊のヘリに乗りました。自衛隊のヘリに乗せてもらって、東京から金沢まで行くわけですよ。でも、向かった先は、金沢の県庁所在地です。ずっと金沢にいて能登には行かないわけですよ。なぜか被災地に行かない。

だから「馳せ参じない馳知事」として有名なんです。

佐高　いい名前がついたね。

西谷　これは、けっこうネットの世界では有名なんですよ。

佐高　そうなの？

西谷　うん、ハッシュタグが付いてましたわ。この10位の「馳せ参じない馳知事」を応援してたのが、次の第9位、音喜多駿。

佐高　「吊れた」音喜多ね。

西谷　相変わらず「吊れた」やつですよ。この「吊れた」やつが、ほんと腹立つのは、山本太郎さんが、すぐ能登の被災地の現場へ行ったわけですよ。現地で、太郎さんが炊き出しのカレーを食べていたと、どうでもええことで批判しとるわけですよ。そんなことより、おまえも国会議員なんだから、能登に行けよっていう話ですわ。

佐高　馳が行かないから、太郎が行ったんでしょう？

西谷　そうなんです、太郎が行った。太郎さんが行って、仮設トイレがないとか、水道が出ないとか、国会で現状を発信してくれる。だから、国会議員こそ行くべきなんですけど。それで、このカレーより恥ずかしいことをしているわけです、音喜多は。

佐高　サウナの件とかね。

西谷　さらに、虚偽報告疑いがあります。

松井一郎代表のとき、2019年9月に、「大阪維新の会」の懇親会をやっているんですが、参加者は5862人で、1億1724万円を政治資金報告しています。でも音喜多がブログで、ぽろっと言ってしまったんですよ。「今年の来場者は3000名を超えて約4000名いたそうな……。チケットの番号は1万までありましたから、来場者数の3倍以上チケット購入者がいそうですね」と。

1人2万円ですから、1万人に売ってたら2億円で報告せなあかんわけです。ところが1億1724万ですから、これ、『日刊ゲンダイ』で8200万円が消えている、と記事になりました。だから、それだけ売ってたら2億円があったやろと。ところが1億ちょいで報告してるから、虚偽報告なんじゃないか、中抜いてんのちゃうかと。つまり、同じことをやっているんです、安倍派と。

佐高　なるほど。

西谷　それで、上脇博之先生が、この件を刑事告発したんですよ。どうなったかって上脇先生に聞きました。結果、不受理、不起訴です。上脇先生が言うには、東京地検のほうがまだましだと。大阪地検は、ことごとく不起訴にすると言うてました。大阪地検は、あの森友問題も不起訴にしたでしょ。

佐高　大阪地検は算数できないのかな。

西谷　できないんでしょうね。大阪地検は、森友も、例えば佐川宣寿なんかみんな不起訴にした。東京地検より駄目ですよ。

佐高　大阪危険。

西谷　危険。もうあかん。ということで、第8位に行きます。これは、人とちゃいます。ミャクミャクちゃんですよ。これ、佐高さん、ご存じ?

佐高　目玉がいっぱいあるやつでしょう。

西谷　大阪万博のマスコットです。それの巨大オブジェをね、大阪市役所の前に置いてるの。幅3・3メートル、高さ2メートル、重さもすごい。これ、いくらやと思います？　623万円ですよ。

機運醸成の取り組みというやつで、今、大阪はミャクミャクだらけなんですよ。気色悪いと言う声も多いです。ミャクミャクのぬいぐるみとか、ショップへ行ったら売っているんです。特大ぬいぐるみなんて、1個17万6千円とかする。買うやつおるのかなと思いますわ。

佐高　これは、大阪市で作ったの？

西谷　いや、万博協会で作った。チケットの売り上げが赤字になるだろうから、ミャクミャクの売り上げで黒字にしようと必死なんですよね。だから僕、今、東京に来ると気分が落ち着くんですが、ミャクミャクがいないからね。大阪は、どこへ行ってもこればっかり。もう駅から、商店街から、みんなこれ。「くるぞ、万博。」いうて、もうミャクミャクばっかり。地下鉄もミャクミャク、マンホールの蓋までミャクミャク。

佐高　万博のキャッチコピーに、「かわいい子には、未来を見せよう。」ってあるじゃない。未来はないから、今、問題になっているのにな。

西谷　未来はないですね。

佐高　未来を汚しているんだ。

西谷　『日本中学生新聞』を発行している川中だいじくんが言うてました。「未来のある中学生は全然知らんぞ」って。若者が知らないなら、未来はないですよ。

佐高　未来を汚しているのよ。「来るぞ、万博」じゃない。「来るな、万博」っていう感じですよね。

西谷　もしくは「喰うぞ、税金」。つまり、これらみんな、機運醸成費ですよ。38億円もの税金でやってるんです。地下鉄のラッピングとかも、近鉄とか、阪急もやっているんです。これ、みんな税金でやっているわけ。東京の人もうかうかしてられませんよ。チャリチャリ、チャリチャリ、税金が使われているんよ。

美容・ギャンブル・架空パーティー

西谷　第7位に行きましょう。第7位はだれかというと、地方議員ら。「ら」です。

佐高　「ら」ですね。

西谷　はい。これはちょっと有名になりましたね。宝塚の市議会議員やったかな、田中美由紀が経理担当をやっていたときに、数十万円着服していた。何に使ったかというと、ネイルサロン、パーマ。要は、自分の美容に使っていた。

佐高　それを、政治活動費とか言うわけね。

西谷　腹立ちますわ、自分の金でやってくれと。政党交付金という税金が維新に入っていて、それがネイルサロンに使われているということですよね。こんなんばっかりですわ。

次に、胡摩窪（ごまくぼ）亮太。池田市議会議員なんですけど、池田市に住んでいなくて、ずっと箕面市に住んでいたという。公職選挙法で定めてる、居住要件を満たしてなかった。

佐高　すごい苗字だね。ごまかす亮太。

西谷　ごまかす亮太。政治活動も、ゴマのように真っ黒。この件で、離党させられたと思います。それでも離党だけで終わっているはずですよ。

あとは、奈良・斑鳩町の大森恒太朗町議会議員。この人もとんでもないことをしたんですよ。奈良県の斑鳩町は小さい町なんですけどね。そこの自治会費７００万超を着服して、ギャンブルに使った。

佐高　斑鳩の里という歴史あるところだよね。法隆寺がある。

西谷　そうです。その歴史のある町で、自治会費をずっとちょろまかしていたんです。そのせいで、子どもたちが楽しみにしていた村祭りができへんかったんですよ。町議会議員で自治会をやっていて、自治会費が大森のところに集まってくるから、全部自分で使っちゃっていた。

佐高　それがばれてしまったわけだ。

西谷　ばれちゃった。だって、使い込んでしまったから。どこに使ったかと言うたら、パチンコ、遊興費に使うているわけですよ。

吉村は、カジノを作るけれども、ギャンブル依存症の対策はやりますからと言うてますよね。

佐高　まず足元の人間からして、対策できていない。

西谷　大阪府民よりも、お前の子分から対策しろという話です(笑)。
　この人ね、後日談がある。捕まって裁判になっているんですが、700万を何に使ったのかと問われて、町議会議員の仕事が暇やから、パチンコへ行ってました、と。

佐高　業務時間にパチンコ？

西谷　パチンコで700万を溶かした。その結果、子どもたちが楽しみにしている村祭りができなかった。

佐高　これ、金は返さないの？

西谷　毎月5万円ずつ、気持ちを切り替えて一生懸命働いて返すらしいですわ。彼のお父ちゃんと一緒にせっせと返すらしいけど、5万円ずつ返されても、700万になるまで何年かかりますか。自治会長さんは、村祭りがまだできませんと言うてます。

佐高　町議会議員は辞めたの？

西谷　辞めています。捕まったから、公民権停止でしょう。出ても通らんでしょう。

佐高　もっとがばっと取ればいいのにね。差し押さえとかで。

西谷　差し押さえるものがないんでしょうね。

さらに、この人ね。萩原佳。茨木市の市議会議員で、この人はパワハラ体質です。職員に対して怒鳴り散らしていたということで、この人も足立康史が推してますね。

佐高　なるほど。

西谷　こういう人がいっぱい出てきました。

佐高　ミャクミャクと出てくるね。

西谷　上手やね（笑）。ミャクミャクとこの維新スピリッツが受け継がれているということで、今のパワハラ・セクハラも含めて、これら市議会議員を指導せなあかんのが、大阪市長の横山英幸。

笹川理府議会議員も、セクハラで告発を受けて、除名になりましたよね。

佐高　そうだったね。

西谷　それがけっこう報道された。維新はセクハラ・パワハラが多いので、独自に調べますって横山英幸市長が言ったわけ。横山市長が議員たちを調べて、14件のセクハラ・パワハラの告発があったのですが、そのうち5件だけをハラスメント認定した。それで、どういう処分をしたと思いますか？

佐高　なんだろう。

西谷　口頭で注意しました。半年もかけて調べて、たった5件だけを認定して、口頭で注意して終わり。それをやったのが、この横山市長。

佐高　なんで5件だけなんだろうな。ほかは表に出るとまずかったのか。

西谷　かもしれないですね。ということは、9件の告発は握りつぶしているわけですよ。僕が心配するのは、その告発した人たちを、裏でいじめてるんじゃないかな、ということです。なんで内部告発すんねんと、責めていじめてるんちゃうかなと。

　ということで、地方議員「ら」でした。

　次、第6位は村山祥栄（しょうえい）。京都市長選挙立候補者。

佐高　村山はその前に何かあったよね。

西谷　前は、京都党という地域政党に属していて、維新と組んで「身を切る改革」と言うてた人なんですよ。この人は選挙に強いと言われていたんです。松井孝治と村山の一騎打ちちゃうかと言われていました。松井孝治は自民、公明、国民まではわかるんですが、なんと立憲民主も推している。

佐高 そうそう、そうだった。

西谷 立民がなぜ推すんだと思うんですけど、対抗馬が福山和人さんで、共産自主支援、それから、れいわ、社民も自主支援していましたね。

佐高 市民派だよね。私も福山さんの応援に行きました。

西谷 僕も応援に行った。それで、松井と福山さんがデッドヒートしたんですけど、不祥事前までは村山が当選するんじゃないかと言われてたんですよ。

佐高 村山はなにをしたんだっけ。

西谷 架空パーティーをしました。読売テレビが現地調査に行ったんですけど、パーティー会場にだれも現れなかった。

佐高 読売テレビが？　追及し始めたの？

西谷 ちょっとだけね。万博で維新に逆風が吹いてから、ちょっと追及していますね。それで、パーティー会場のはずが、椅子も並べていない、村山祥栄も来ない。

これは架空パーティーじゃないかと告発されて、村山の票ががくんと減った。結果、松井と福山のデッドヒートになりましたね。松井が1万票差で勝ちました。もったいなかったよね。

佐高　内田樹が松井の応援をしたんだよね。

西谷　そうなんですよ。何でだったのか。辻元清美さんも松井の応援に行っている。立憲民主が推さなければ、結果は違っていたでしょう。立憲民主は猛省すべきで、ほんまに自民・公明と対決するんやったら、京都でも対決せよっていう話ですよ。

佐高　しかも、今、自民党が裏金で騒がれているときに、なんで松井を推したんのかと。松井孝治はかなり食わせ者なのよ。

西谷　そう。元民主党やったけど、その民主党時代を反省して自民党に寄ってはる人でしょ。

だから、ちょっと残念だったんですよね。ここでもし福山和人さんが勝っていたら。群馬県の前橋市長選は勝ったでしょう。

佐高　そうそう。

西谷　そうなれば、岸田内閣大ピンチだったんですよ。惜しかった。

佐高　だから、立憲と内田の責任はすごく大きいよ。

西谷　本当にね、がっかりしました。やっぱり野党は共闘してほしい。

万博アンバサダー・松本人志

西谷　では、第5位に行きましょうか。これは、松本人志&吉本興業ですね。万博のアンバサダー。アンバサダーいうのは、宣伝大使です。万博をもっと宣伝してくださいと。しかし、これは恥ずかしい話でしょ。女性を物のように扱っていた人が、世界に向けて、大阪万博に来てねって。この人が宣伝すればするほど、世界の人は来ませんよ。

これがまた、万博協会がなめてるのか、実務能力がないのか、万博協会のホームページにまだおるんですよ（※2024年7月9日時点でも掲載あり）。

佐高　え、まだ載っているわけ？　それは事態の把握ができてなさすぎでしょう。維新は松本と心中したいのか？　吉本含めて。

西谷　また腹が立つことがあって。24年1月5日の『探偵！ナイトスクープ』を見たんですよ。探偵局長は今、松本人志やったんですよ。

佐高　そうなんだ。

西谷　1月5日いうたら、『週刊文春』のスキャンダルが出て、松本人志はテレビに出したらいけないんじゃないか、と言われてるときですよ。女性が証言しだしたときですから。それなのに、松本を出している。

佐高　すでに撮ってたんだろうね。

西谷　撮っててもね、過去の名場面集をやればいいじゃないですか。しかも、その回は、吉村を呼んで、ミャクミャクまでおるんですよ。つまり、『探偵！ナイトスクープ』で万博を宣伝したわけ。

佐高　そう。私はずいぶん前に、『創』でばっさりやっているんだ。全然おもしろくない。本来、強者を笑うのが笑いであるのに、逆をいっているんだよ。

だいたい、松本人志、ダウンタウンの笑いって、弱いものをいじめて笑うでしょ。

西谷　そうそう。しかし、テレビは松本人志を使い続けたよね。同じマツモトでも松元ヒロさんはテレビが使わへんかった。松元ヒロさんは権力者を笑っていて、チャップリンみたいな笑いを目指している人。本来の笑いは、チャップリンなんですよ。テレビは笑いを誤解している。そんなことで、この人が第5位ですね。

佐高　なるほど。では第4位。

西谷　はい、第4位は橋下徹。これは、れいわの大石晃子議員を訴えた裁判で、見事に橋下徹側が負けました。完全に敗訴ですね。

佐高　これ、何でしたっけ？

西谷　大石晃子さんが『日刊ゲンダイ』で、橋下徹はパワハラでめちゃめちゃ叱りつける、気に入らない記者は袋叩きにする、というようなことを言ったんです。それで、大石晃子さんと『日刊ゲンダイ』が訴えられました。裁判結果は府知事、市長時代にメディア批判をした事実がありましたからね、それらを指摘されて橋下が負けました。

橋下徹いう人は、嘘をついても目が泳がない、嘘つきのプロや言うたんは、こういうところですね。いま、橋下は万博は延期しよう、と言うてるんですよ。あんたが旗振っとったのに。振った本人が、平然と、「万博は中止か延期」と言う。

佐高　小泉純一郎の反原発みたいなもんだな。

西谷　そうそう。橋下が、「中止か延期」と言う2か月前までは、万博に反対してるやつはリストアップしてるぞと言っていた。万博が成功したら、おまえらを追及するぞって脅かしとったんですよ。

佐高　だから、こういうのを1つ1つ連関して書かなきゃ駄目だよね。

西谷　そうです。万博反対論者をリストアップって。佐高さんも、僕も、リストアップされてますわ。リストのベスト10ぐらいに入ってんちゃうかな。

佐高　じゃあ、今回、橋下自身も入ったな。

西谷　自分も入ったから、万博が終わっても脅かされることはないと思いますけど。

橋下徹は、能登地震が起きたし、こんな万博をやってる場合と違うぞという方向に転換した。吉村知事にしたら、はしごを外された思いやね。

佐高　盗人の仁義にも反するよね。仁義なき戦いだ。

西谷　だから、橋下逃げる、松井逃げる。その逃げた橋下が後ろから鉄砲を撃ってきよって、だから吉村は目が泳いで、今、青ざめているという。

「復興万博」と2億円トイレ

西谷 第3位。ネコババ代表こと馬場伸幸。

僕ね、最近、一番許せへんのはこの人かもしれません。この人、記者会見で、「復興万博」とか言い出したんですよ。「北陸のみなさんにも、新たな夢や希望を持って、明るい将来に歩みを進めてもらえるイベントになるのではないか」と。万博が北陸のみなさんを励ます、なんて言うてるんですよ。どない思います？ 今、被災地はトイレもないんですよ。馬場は、北陸の能登に行って、ほんまにこれを言えるかっていう話ですよ。万博に使う木材なんて、6か月で終了したら解体されるんです。この木材があったら、仮設住宅4千戸分建ちます。しかも、万博のトイレが、1個2億円ですからね。

佐高 何で2億円にもなるの。

西谷 若手デザイナーが出してきた、すごい凝ったデザインらしいですわ。便器が

50個ぐらいあるんです。だから、便器1個４００万する。

佐高　便秘も治る、みたいな効能がないと許せない価格だな。

西谷　トイレが黄金かも知らんけど、せやけど、そのトイレの下はくみ取りですよ。

佐高　昔、自民党のロッキード事件でさ、自民党の汚職っていうのは、宿便のようなものだって言ったことがあるんだよ。ロッキード便にリクルート便が重なり、それに佐川急便が重なったって。当時、自民党の加藤六月に怒られたな。

西谷　佐川急便はおもしろかった。そしていまは万博便。

佐高　さらに最近、裏金便が入ってるんだ。それで、2億円トイレは便秘が治るの？

西谷　治りませんよ（笑）。記者会見で、トイレが2億円っておかしいでしょうと言われたら、吉村知事は、建築家が「トイレに魂を吹き込んでいます」とか言ってましたけど。トイレに魂を吹き込んでるらしいですよ、税金で。

　僕は、トイレが足りない能登の現地で、ボランティアの人に聞きましたけどね。トイレが流せへんから、水分とるのを我慢して脱水症状を起こしているんですよ。

特にお年寄りが。だから、はやくトイレを作れっていう話ですよ。2億円あったら、能登になんぼ仮設トイレを作れるのか。ほんまに腹立つね、これは本当に。「復興万博」なんて、これは笑いで済まへん。

この馬場、ネコババ代表と言いますけど、あの社会福祉施設乗っ取り事件。この問題ではいまだに記者会見してないんですよ。

だから、はよ、これで記者会見してくれよと思いますけどね。あんた、ネコババしたんですかって。

優勝パレードを万博宣伝に利用した吉村知事

西谷　はい、第2位、吉村洋文大阪府知事。

万博の人気がないから、阪神とオリックスのファンに狙いを定めました。阪神・オリックスの優勝パレードをやりました。しかし、それを「阪神タイガース、オリックス・バファローズ優勝記念パレード〜2025年大阪・関西万博500日前！〜」という名前でやるんですよ。この記者会見のときに、万博のマスコット・ミャクミャク君だけ来ている。優勝パレードの話なのに、阪神・オリックスの球団も来ていないし、球団マスコットのトラッキーもいない。阪神・オリックスの優勝がおめでたいと言いながら、万博を宣伝している。

当日、握手しているのは、大阪府知事の吉村、松本正義という関経連の会長、兵庫県の斎藤知事。斎藤知事も維新なんですよ。この3人が出てきて、オリックスと阪神が優勝した、万歳と言うて、ミャクミャクだけ出てくるんですよ。

このパレードに5億円使いました。そして、ここが問題なんですが、このパレードの仕切りを、電通の子会社に任せてしまった。本来、電通は、東京オリンピックで悪いことをしたから指名停止なんです。その子会社に発注してどないすんねんと。その金みんな親会社に行くやないのと。

佐高　どこが身を切る改革だよ。

西谷　子会社に流れたのは1億8千万ですよ。2億円近い金を、いわゆる犯罪企業に流してどうすんのと。それで、資金繰りのために、クラウドファンディングをやりました。みんな、あほらしいから払いませんでした。だから、企業に泣きつきました。ということで、阪神タイガースの優勝記念バスは企業名ばかりがデカデカと書かれています。クボタ、アサヒビール、三井住友。三井住友は、カジノに金を貸すとこやね。それから、大和ハウスがいますよね。こっから2千万もろてるわけですよ。

それでパレードも終了したんですが、やっぱり赤字が出た。足りないからと、大阪広域生コンクリート協同組合にもう一度おねだりした文書が残っています。

佐高 全然身を切ってない。

西谷 身を切ってない。

この広域協組は、後でも言いますけど、生コンの値段をつり上げて、労働者に還元せんと山ほど儲かっているところなんです。そこが維新にお金を渡して、維新は生コン広域協組と昵懇（じっこん）だということですね。

松井×足立の「内ゲバ」――根深い生コン問題

西谷 はい、1位に行きましょう。

佐高　もう1位か。

西谷　1位は、その生コンに関係します。松井一郎&足立康史の内ゲバ。この内ゲバ、自分たち個人のメールなり、手紙でやり合えばええのに、Xで喧嘩するんですわ。だからみんなに見られている。これは、維新スピリッツ満載ですよ。

佐高　ヤーさん同士のあれだね。

西谷　ヤーさんまでいかない、チンピラ同士ですわ。それで、足立康史側が、この生コン価格の高騰について、全国平均の1・3倍であると、国会で取り上げたんですよ。これに対して松井一郎前市長は、広域協組と仲良しなので、なんちゅう質問したんじゃ、あほ、と叱ったわけ。

佐高　ちょっと待って。要するに、足立はその時点では正しいことを言ったわけね。

西谷　そうなんです、その時点では。僕は、足立に、何でこれを追及したのか聞きたかったんです。僕の想像ですが、足立は、生コンの価格をつり上げているのは、広域協組ではなく、関西生コン労組だと思ったのではないか。関生（かんなま）労組がつり上げて儲けているから、この関生を何とかせいっていう質問だったと思うんです。ところが、つり上げているのは生コン広域協組やった。

佐高　要するに経営者のほうだよな。

西谷　経営者のほう。だから松井一郎は、なんちゅう質問するねんと。広域が困るやないかということで、足立に反省せいと。足立も、それを言われて腹が立ったから、延々と喧嘩していた。最後、松井一郎のXでのコメントがこれです。

「公認権で君を脅した、僕が？君は比例復活は要らないと勇ましく発言してたけど、結局は比例復活でバッチをつけたよね。僕がいつ私情にで(ママ)公認権を盾にしたのか？はっきりさせよう。これは許せんな。いちびるのもええ加減にせえよ。」

佐高　公認権というのは、何？

西谷　要は、足立康史は、小選挙区で落ちたら比例復活しませんと言うて、維新で公認してもらったんですよ。選挙のお金ももらっている。それが、松井一郎側としたら、俺が公認してやってるのに、なんちゅうあほな質問をしたんやと。次は公認せえへんぞ、と脅かしてるわけ、足立を。

佐高　なるほどね。まだ喧嘩してる？

西谷　うん、いまだに喧嘩してると思う。ただ、さすがにXではやらんようになった。だれかに言われたんやろな。

佐高　これは、ほかの維新の面々は、参戦していないの？

西谷　してないと思いますけど、吉村としても、パレードで広域協組からお金をもらいましたし。なんちゅうあほなことをしてんだ、と思っているでしょう。

佐高　足立もかなりのあほなんだ。

西谷　僕はそう思いますね。

それで、さっきの松井のコメントなんですが、最後に「いちびるのもええ加減にせえよ」と言っていますよね。これ、東京の人は意味がわからんと思うけど、大阪のヤンキー弁。暴走族のやつらが、「おまえら、いちびんのもええかげんにせえよ」と、よう言ってたんです。

佐高　要するに、いびるとか、いじめるとか？

西谷　何ちゅうたらええかな……。調子に乗るなとか、そういう方言なんですわ。大阪弁だけど、ヤンキーしか使わへん。普通の大阪人は使いません、「いちびる」

っていうのは。

佐高　なるほど。

西谷　松井一郎の若いときを彷彿とさせるような言い方ですね。

佐高　なるほど。じゃあ、松井一郎と西谷文和しか使わない。

西谷　僕は使ってへんて（笑）。それで、さっきの生コン広域の構図だけ言わせてください。生コン広域協組というのがあって、これは、もともとは生コンの会社というのは中小企業で力が弱く、対するゼネコンやセメント会社は力が強いから、生活協同組合みたいなものを作って、値段の買いたたきを防ごうという、まともなところだったんですよ。

佐高　そうそう。

西谷　そこで広域協組を作って、労働者にしっかり還元しようとやっていたんですけど、4、5年前に経営者が反社に近い人たちに変わりまして、自分らのところでため込むようになりました。だから、大阪の生コンの価格だけどんどんどんどん上がっていって、その分、公共事業費の差額がどんどん入ってくるようになった。ここから、維新に献金が行っているんですけどね。

ホームページに、新年互礼会の様子がのってますが、「いちびるのもええ加減にせえよ」の松井と、広域協組の理事長が仲良く並んでますよ。これを、『週刊文春』が抜きましたからね。この親密企業に、維新が続々公共工事をやらせているという。また、ここで、何と足立が挨拶している。このとき、さっきの国会での発言について、「間違いました、すみません」と謝ったようです。

佐高　顔を出せないじゃん、本当はね。

西谷　うん。謝ったんでしょうけど、足立は内心、はらわた煮えくり返ってたんちゃうかな？　松井一郎に対して、謝らせやがってと。ということで、僕は足立議員に電話しました。松井と喧嘩されていますよねと。生コンの値段が上がったことに対して、広域協組は責任がありますよね、足立さんは、正義の素晴らしい質問をしました、と言うた。足立は「わかってくれるか」と言いました。

佐高　いちびっているんじゃない？

西谷　俺もええ仕事してるやろ、と言うんです。だから取材を申し込んだんですが、西谷さんのインタビューに応じたら、俺が除名される言うて断られました。インタビューはできませんでしたけど、足立議員としては、あの問題はおかしいと思っているし、質問も素晴らしかったと思っている。足立は、立場が違っても、いろんな話をするのはいいことですねとも言ってくれました。

佐高 この、なぜ悪質な経営者と過激といわれる組合が一緒になったかというと、阪神・淡路大震災のときに高速道路ががばっと折れた問題があるんだよ。あのとき、なぜ高速道路の橋脚が折れたかというと、シャブコンだよ。生コンを水で薄めたものを使っていた。品質が悪かった。つまり、生コンの問題は、我々の安全に関わる話なんだ。

西谷 公共工事に関わるので、しっかりしてもらわなければなりません。だから、生コンの品質や価格について、しっかりやらなあかんということで、労働組合がチェックしてたわけですよね。

佐高 足立と松井の内ゲバは、一般の人は理解していたの？

西谷 Xを見ている人は、みんな不思議がっていました。大阪の生コンが高騰している問題をちゃんと質問したのに、何で喧嘩しているのかな？　みたいなね。SNS上でやっているから、もうみんなにばれてきたわけですよ。僕も、大阪広域生コンに、3回電話して取材を申し込みましたが、3回とも居留守で、3回目にちょっと腹立ったから、何で取材を断るんですかと聞いたら、上司が出てきて、『週刊文春』が出てからは一切お断りしていますって。

仕方ないので、生コン広域協組が今、自社ビルを建てている話をしますね。

佐高　はい。

西谷　夢洲の向かい側の咲洲というところに建てているんです。巨大な自分の会社のビルを。

佐高　シャブコンビルだ。

西谷　咲洲のインテックス大阪のすぐ隣、いい場所なんですよ。これを造っているのが、吉村のお友達の大和ハウスグループのフジタというところです。このフジタが関生労組を訴えて裁判をやっている企業かな。要は、めちゃめちゃ儲かっているということがわかります。125億円ですよ、これ。

佐高　だって、生コンは大阪だけが高いじゃない？

西谷　大阪だけ高い。ただ、高いということ自体は悪いことではないんですよね。それをちゃんと還元して、安全な生コンを作り、労働者の賃上げをすればいいんですよ。

佐高　それはもちろんそうだけど、あそこだけ高いってことは、ほかを参入させないってことだよね。つまり、カルテルだよ、完全に。独禁法違反になる。

西谷　それも視野に入れないといけないですね。そして、ここがヘイトスピーチをする人を雇って、関生労組に対して弾圧をかけ、裁判になりました。

佐高　関生の組合に対してね。私は、組合を支援する会の共同代表の1人なんだけど。

西谷　裁判所まで一緒に行きましたよね。

佐高　そうそう。私は忘れていたけど、裁判官は労働法を勉強せよとか言ったんだってね。そういう失礼なことを言ったんだっけ？

西谷　言うてました。僕、聞いていましたよ、横で。裁判所の前で、裁判長、法律勉強しなさいと言うてましたわ。いや、それぐらい言わなあきませんわ、本当に。

佐高　関西生コンは、反社会的グループみたいに色付けされている。

西谷　イメージでね。

佐高　そうじゃないと言って、一生懸命戦っている若い弁護士が、久堀文(くぼりふみ)さん。

西谷　久堀さん、がんばってますよね。おかしいなあと思うのが、イギリスとかフランス、ドイツへ行くと、ストライキなんて普通にやっているわけですよ。

佐高　そうそう。

西谷　それが、関西生コンがストライキをやったら、威力業務妨害やというて訴えられた。この、ストをやって捕まったっていうことは非常に問題で、ジャーナリストの竹信三恵子さんもそうおっしゃっている。だから、そういう意味では本当に、この裁判は労働組合として支援せなあきませんわ。かなり実情が知れ渡り出して、次々無罪になってきてるのかな、最近。

西谷　最後、ちょっとおまけやってよろしい？

佐高　どうぞ。

西谷　吉村洋文。かつて大阪市長で、いま大阪府知事ですが。市長就任2周年記念パーティーで、1900万以上の収入があります。市長就任3周年では、2000万円の収入があります。就任して毎年何周年や言うて記念パーティー開いてる市長って、他にいます？

佐高　なるほどね。

西谷　吉村は、山ほど儲かってんのよ。この2周年2000万円パーティーは、20万円以内はだれも書かんでいいんですよ。20万を超える企業が献金していて、それが大和ハウスと乃村工藝社です。

大和ハウスは、万博のプレハブ工事などを今やってるんですよ。乃村工藝社は、8人の著名な人がパビリオンを作るんですが、確か落合陽一のパビリオンに出展するんです。

佐高　落合信彦の息子だ。今、テレビによく出てるね。

西谷　はい。その人のパビリオンに出すんです。ちなみに吉村の収支報告書を見ると『虎ノ門ニュース』に出て1回12万円の出演料をもらっている。何が問題かというと、ここのスポンサーがＤＨＣ。

佐高　問題の。ヘイトの親玉みたいな企業だ。

西谷　そう、ヘイトスピーチをする。『ニュース女子』も作ったと、前に紹介しましたよね。だから、お仲間だけが儲かって、ヘイトスピーチをするような企業の番組に出ていて、それで人気を高めていくという吉村知事。ようやく正体が今ばれてきたかなと。

佐高　本当に？　大阪のおばちゃんたちは、それ、わかってきているの。

西谷　わかってくれてる人も増えたんじゃないかなと思いますけどね。

佐高　吉村も、少しやつれてきたね。

西谷　今、万博の質問がくると、目が泳いでいますからね。

やっぱり、その点は、橋下というのはすごいね。嘘ついても目が泳がへんねん。

佐高　その点で、吉村はまだちょっと貫目が足りないというか。

西谷　嘘つきのプロは橋下。吉村はセミプロですわ。

佐高　セミプロ。アマチュアね。とにかく、「浜の真砂は尽きるとも、維新のスキャンダルは尽きまじ」だということがよくわかった。また新しいワースト10を楽しみにしています。

西谷　うまいこと乗せられて。はい。また次もがんばりたいと思います。

おわりに

佐高信

「維新」に対する幻想は「明治維新」から派生していると思うが、それを説明するのに第二次世界大戦中に一時流行った「勘太郎月夜唄」を引用したい。

〽影か柳か　勘太郎さんか

と始まるこの唄は2番で

〽菊は栄える　葵は枯れる

と歌われる。

「菊」は天皇家の紋で、「葵」は徳川家の紋である。

つまり、江戸時代から明治時代への転換は徳川の封建制から天皇制への変換に過ぎなくて、別に新しい世になったわけではなかった。王政復古の号令の下に、葵が枯れて、菊の紋の世になっただけなのである。

まさに、自民党と維新の違いがヤクザと半グレの違いに過ぎないのに似ている。

維新が自らを「第2自民党」と言っているのだから間違いないだろう。

裏金で真っ黒の自民党も腐り切っているが、維新はもっと腐臭に満ちている。

ところが、吉本興業と手を組んでの宣伝もあって、維新が改革をやってくれるような幻想が、特に大阪で強い。しかし、統一教会との関係や、竹中平蔵流の新自由主義による汚染度を見ても、維新のほうがとてつもなくひどい。

第一、政治家にしてはいけない人間ばかりが維新についての幻想で次々に当選してくる。

それを徹底的に暴いていこうということで、この本は企画された。

『路上のラジオ』を主宰する西谷文和さんは関西在住のジャーナリストで、戦火を恐れずアフガニスタンに出かけて、あの中村哲さんと会い、貴重な映像を残したりしている。

フットワークが軽くて明るい彼と話していると、ついつい、私の口もなめらかになって危ないことも話してしまう。

YouTubeでも流れる「デモクラシータイムス」で、何度か、「維新スキャンダル列伝」あるいは「維新スキャンダルワースト10」を語り合ったが、毎回、多くの反響を得た。

それをきちんと文字化して残しておこうと私たちは思った。とりわけ、維新ファンに読んでもらいたい。

ところで、この間まで維新にいた鈴木宗男の盟友、佐藤優に私は『佐藤優というタブー』（旬報社）を書いて訴えられた。言論には言論で対抗するのが原則なのに、司法権力に助けを求めるとは、佐藤は言論人ではないのだろう。その佐藤は大がかりな買収選挙で捕まった自民党の河井克行の応援をしていた。

このことを西谷さんは知らなかった。それで、ある日の『路上のラジオ』で彼は私に次のように追及されることになる。

西谷 それ、初耳でした。
佐高 消息通、事情通の西谷文和をして（笑）。
西谷 ごめんなさい。勉強不足でした（笑）。
佐高 それで佐藤優はね、鈴木宗男と。
西谷 セットでしたよね、当初。
佐高 ご学友ではなく、「ご獄友」なんだ。
西谷 2人とも逮捕されて。
佐高 これに「ご獄友」の河井克行が加わった（笑）。

私たちの対話には常に笑いがある。ウマが合うというのか、とにかく楽しんで維新のスキャンダルを徹底追及した。

それこそ、吉本興業が一番、維新のスキャンダルを笑いにしなければならなかったのではないか。

森功さんとの『日本の闇と怪物たち 黒幕、政商、フィクサー』、望月衣塑子さんとの『この国の危機の正体』に続いて、この本を編んでくれた岸本洋和さんに西谷さんと共に感謝致します。

【著者】
佐高信（さたか まこと）
評論家。1945年山形県生まれ。慶應義塾大学法学部卒業。高校教師、経済誌編集長を経て執筆活動に入る。著書に『逆命利君』『城山三郎の昭和』『田中角栄伝説』『石原莞爾 その虚飾』、共著に『安倍「壊憲」を撃つ』『自民党という病』『官僚と国家』『日本の闇と怪物たち 黒幕、政商、フィクサー』『この国の危機の正体』など多数。

西谷文和（にしたに ふみかず）
ジャーナリスト。1960年京都府生まれ。大阪市立大学経済学部卒業。吹田市役所勤務を経てフリージャーナリスト。著書に『打倒維新へ。あきらめへん大阪!』『万博崩壊』『ウクライナとアフガニスタン』（編著）など多数。

平 凡 社 新 書 1 0 6 4

お笑い維新劇場
大阪万博を利用する「半グレ」政党

発行日――2024年8月9日　初版第1刷

著者――佐高信・西谷文和
発行者――下中順平
発行所――株式会社平凡社
〒101-0051 東京都千代田区神田神保町3-29
電話 (03) 3230-6573［営業］
ホームページ https://www.heibonsha.co.jp/
印刷・製本―株式会社東京印書館
装幀――菊地信義

ISBN978-4-582-86064-1

【お問い合わせ】
本書の内容に関するお問い合わせは
弊社お問い合わせフォームをご利用ください。
https://www.heibonsha.co.jp/contact/